ORGANIZAÇÃO DE EVENTOS

Dados Internacionais de Catalogação na Publicação (CIP)
(Câmara Brasileira do Livro, SP, Brasil)

Cesca, Cleuza G. Gimenes
   Organização de eventos: manual para planejamento e execução /
Cleuza G. Gimenes Cesca. – 13. ed. rev. e ampl. – São Paulo: Summus, 2015.

   Bibliografia
   ISBN 978-85-323-0401-8

   1. Congressos e convenções I. Título.

08-03398   CDD-060.6

Índices para catálogo sistemático:

1. Congressos e convenções : Organização   060.6
2. Eventos : Organização   060.6

Compre em lugar de fotocopiar.
Cada real que você dá por um livro recompensa seus autores
e os convida a produzir mais sobre o tema;
incentiva seus editores a encomendar, traduzir e publicar
outras obras sobre o assunto;
e paga aos livreiros por estocar e levar até você livros
para a sua informação e o se entretenimento.
Cada real que você dá pela fotocópia não autorizada de um livro
financia um crime
e ajuda a matar a produção intelectual de seu país.

ORGANIZAÇÃO DE EVENTOS

MANUAL PARA PLANEJAMENTO E EXECUÇÃO

summus editorial

ORGANIZAÇÃO DE EVENTOS
Manual para planejamento e execução
Copyright © 1997, 2008 by Cleuza G. Gimenes Cesca
Direitos desta edição reservados por Summus Editorial

Editora executiva: **Soraia Bini Cury**
Assistentes editoriais: **Bibiana Leme e Martha Lopes**
Capa: **Daniel Rampazzo**
Diagramação: **Acqua Estúdio Gráfico**

Summus Editorial
Departamento editorial
Rua Itapicuru, 613 – 7º andar
05006-000 – São Paulo – SP
Fone: (11) 3872-3322
http://www.summus.com.br
e-mail: summus@summus.com.br

Atendimento ao consumidor
Summus Editorial
Fone: (11) 3865-9890

Vendas por atacado
Fone: (11) 3873-8638
e-mail: vendas@summus.com.br

Impresso no Brasil

A Wilson,
com quem tudo adquire uma dimensão imensurável.

A Monnalisie, Brenno e Igor,
um trio que interage e fortalece as relações de família.

SUMÁRIO

Prefácio 9
Apresentação à primeira edição 13
Apresentação à nona edição 15

Capítulo 1

Relações Públicas 17
Evento (programa de visitas, concursos, exposições, feiras, mostras, salões etc.) 20

Capítulo 2

Planejamento de eventos 49
Operacionalização do planejamento 55
Proposta de projetos para eventos 60
Roteiro básico para mestre-de-cerimônias 72
Discursos 73
Calendário de eventos 74

Capítulo 3

Correspondências para eventos 89
Formas de tratamento 104
Tipos de mesa 109
Arranjos de mesa 121
Composição de mesa 124
Colocação das bandeiras 128
Jubileus e bodas 134
Trajes 136
Convites 137
Etiqueta 138

Capítulo 4

Cerimonial público e ordem geral de precedência 143
Bandeiras e outros símbolos 174
Precedência dos conselhos e das ordens profissionais 181
Horário mundial 182
Distâncias entre os aeroportos do Brasil 185
Aviação internacional 186
Distâncias entre os portos brasileiros 187
Distâncias rodoviárias do Brasil 189
Código telefônico para soletrar 190

Considerações finais 191
Referências bibliográficas 193

PREFÁCIO

Divulgar conhecimentos traz benefícios à sociedade. Quem o faz merece os aplausos de seus pares. Constata-se isso, na prática, pelo destaque dado a essas pessoas pela sociedade, em geral, ou somente por seu grupo. Quando se trata de conhecimento científico, torna-se até obrigação dos pesquisadores. Caso contrário, eles não obtêm fundos das agências de pesquisa e o respeito dos outros membros da sua comunidade científica.

O conhecimento sobre determinado assunto pode ser socializado se aquele que o possui o transferir pessoalmente ou se lhe der publicidade por meio de documentos. A primeira maneira, apesar de identificar o receptor e ter uma extensão de expansão definida, é extremamente demorada e, portanto, antieconômica para o desejo de universalização do saber. Resta a publicação em artigos e livros, a qual deixa de ser pessoal e vai para a dimensão do impessoal, que, apesar da identificação dos autores, deixa de estar centrada na pessoa que transmite e passa para o documento e seu conteúdo. A extensão de quem, quando e como atinge é desconhecida e, certamente, incomensurável.

Há, contudo, outro fator ao se divulgar o conhecimento. A documentação gera um sistema que, se elaborado por uma comunidade de indivíduos com atitude e método sistemáticos, além de linguagem específica, permite analisar, criticar e testar aquilo que se torna público, transformando-o em conhecimento científico. Este, por sua vez, não significa a verdade, mas implica algo mais bem pensado, mais criticado e, portanto, mais confiável.

Certamente, o tema evento, de que trata esta obra, como diz a própria autora, a professora doutora Cleuza Gimenes Cesca, não é exclusividade da área de Relações Públicas, mas se e quando tratado por aqueles que lecionam essa matéria na universidade, onde se localiza o ninho da ciência, obriga-se à constante preocupação de fazê-lo da maneira mais científica possível. Mas como fazê-lo se o acervo de publicações, fonte de leitura e de debates sobre o assunto, é mínimo, quase inexistente?

Assim sendo, esta obra, além de merecer os aplausos por difundir conhecimentos, merece, também, a consideração por vir a acrescentar algo às fontes de conhecimento. Esse acréscimo, como tantos outros que se esperam deverão vir, certamente, transformarão o significado que se tem dado ao evento pelo evento, merecedor das críticas de Daniel Boorstin, que os designou por pseudo-eventos. Publicações como esta farão que aqueles que tratam do tema comecem a pensar sobre o porquê do evento, as variáveis intervenientes que este introduz na história da organização e os benefícios que a organização obtém com eles.

Esta é, então, a missão daqueles que lecionam relações públicas. Cabe a esta atividade um papel importante no trato com o tema evento. Refletir sobre o fenômeno e buscar seu real significado. Não percebê-lo como algo operacional, realizado por tarefeiros, mas como um instrumento colocado na estratégia de comunicação da organização com objetivos bem definidos.

Quanto mais obras sobre o tema, melhor será para todos os que tratam dele. Daí a importância deste livro, do nosso reconhecimento ao esforço da autora, que, com certeza, como todos os pesquisadores com visão crítica, deve ter levado um tempo enorme para se decidir a publicá-lo, considerando-o incompleto. Como se alguém conseguisse escrever uma obra completa, em qualquer área do conhecimento científico, por mais secular que seja. Ou, ainda, como se cada obra que surgisse tivesse de conter uma revolução científica, posicionando de outra maneira o objeto de estudo. Ao contrário, a síntese e o reposicionamento se tornam cada vez mais difíceis com o ampliar do conhecimento.

É óbvio que um livro sobre determinado assunto deve conter novidades, sem as quais não conquista mercado, podendo, ainda, ser considerado plágio. Esta obra está distante desse pecado. Sua autora soube colocar novidades e integrar títulos. É uma obra útil, tanto para a prática da atividade como para reflexões teóricas.

Por tudo isto, só nos resta agradecer à professora doutora Cleuza Gimenes Cesca por haver plantado mais uma semente no infinito terreno em que pode e deve ser lavrada a cultura das Relações Públicas. Eu, pelo menos, sinto-me altamente prestigiado e orgulhoso por participar deste momento histórico. Espero que a própria autora, em futuro próximo, venha a repetir sua façanha com outra obra sobre outro tema, enriquecendo a bibliografia da atividade à qual se dedica. Almejo, também, que outros colegas se sintam motivados a imitar esse exemplo.

Prof. Dr. Roberto Porto Simões
Professor titular da Pontifícia Universidade Católica do Rio Grande do Sul (PUC-RS)

APRESENTAÇÃO À PRIMEIRA EDIÇÃO

Por meio do evento, que consiste em um acontecimento, tem-se a oportunidade de atrair a atenção do público de interesse para a organização que o realiza. A atração exercida por esse tipo de atividade, quando bem organizada, torna-se eficiente forma de elevar, manter ou recuperar conceito. É um momento em que a organização fica exposta aos seus diversos públicos, daí a necessidade de se realizar um trabalho profissional e competente, a fim de evitar divulgação negativa.

Embora a atividade "organizador de eventos" não seja prerrogativa de nenhuma profissão, é necessário observar que esse profissional deve ter uma formação que facilite sua introdução nesse posto tão importante para a vida das organizações.

Diante disso – e levando-se em conta que os cursos de relações públicas oferecem um currículo que vem ao encontro daquilo que o "organizador de eventos" necessita para atingir seu objetivo, pois entre as diversas atividades da profissão relações públicas, regulamentada pela lei federal nº 5.377/67, encontra-se a organização de eventos –, acreditamos que o profissional de relações públicas é o que está mais preparado para também atuar na administração de eventos nas organizações.

Por outro lado, as organizações têm explorado pouco a atividade de eventos, até mesmo por desconhecimento do retorno que ela oferece e de sua relação custo–benefício. A organização de eventos está, portanto, resumindo-se a uma atividade muitas vezes exercida por "curiosos", em forma de terceirização.

A bibliografia existente também é reduzida, até porque, quando se escreve sobre eventos, não há a preocupação de se elaborar algo que seja também para a área organizacional.

Essas afirmações são decorrentes de pesquisa realizada com empresas da cidade de Campinas (São Paulo), onde foram trabalhadas e confirmadas as hipóteses seguintes: as organizações não exploram todas as possibilidades de eventos como atividade formadora de opinião pública favorável; não há, no Brasil, uma definição quanto ao profissional que detém a organização de eventos como atividade própria; é reduzida a bibliografia sobre organização de eventos voltada para a área organizacional.

Com o presente trabalho, esperamos não só contribuir para a formação do profissional de relações públicas e de todos aqueles que querem atuar na área de eventos – sejam eles profissionais, estudantes de turismo, de recursos humanos, de secretariado, de publicidade etc. –, mas também levar às organizações esclarecimentos acerca da importância dos eventos como atividade formadora de opinião pública favorável.

A autora.

APRESENTAÇÃO
À NONA EDIÇÃO

A organização de eventos, empresarial ou social, está atraindo profissionais formados nas mais diversas áreas, pois tem se mostrado uma atividade altamente rentável.

Esta edição de *Organização de eventos* foi revisada, atualizada e ampliada; é um livro que durante sua longa existência tem contribuído para a qualidade dos eventos em todo o Brasil.

O número de cursos de especialização, extensão, aperfeiçoamento e reciclagem cresceu muito em todo o país, por exigência do mercado. A organização de eventos é uma atividade que, de forma independente, prolifera-se, assim como também é ampliada por ser uma das funções do setor de relações públicas nas organizações.

A formação é, hoje, mais consistente, e o evento está sendo reconhecido pelas organizações em geral como mais uma forma de se divulgar e fortalecer a marca e a imagem/conceito perante os diversos públicos, principalmente o consumidor. Com isso, já são poucos os erros crassos que se vêem nessa atividade.

Esta publicação teve papel importante na construção dessa nova postura empresarial, à medida que, em 1997, alertou sobre a contribuição do evento para a formação de opinião pública favorável aos mais diversos tipos de organização.

Os profissionais formados em relações públicas reúnem bons conhecimentos para o exercício dessa atividade. Os com formação em outras áreas recorrem a cursos como os já mencionados e a livros específicos para entrarem nesse mercado competitivo, que se torna cada vez mais exigente, principalmente nos grandes centros.

Esperamos que este livro, que também nesta nona edição busca acompanhar a evolução da organização de eventos, possa continuar orientando professores, alunos, profissionais liberais e demais interessados, como tem feito desde o seu lançamento.

A autora.

CAPÍTULO 1

RELAÇÕES PÚBLICAS

As relações públicas têm por objetivo manter um bom relacionamento entre a organização a que servem e seus diversos públicos. Para a Associação Brasileira de Relações Públicas (Andrade, 1993, p.18) "é o esforço deliberado, planificado, coeso e contínuo da alta administração para estabelecer e manter a compreensão mútua entre a organização e todos os grupos aos quais está ligada direta ou indiretamente".

Sua localização no organograma organizacional tem sido objeto de discussões. Os profissionais da área, na sua maioria, defendem que a atividade deve estar ao lado do centro decisório, isto é, a cúpula. Porém, a realidade tem mostrado que nem sempre ela ocupa esse lugar. É mais comum vê-la subordinada a diretorias e gerências. Isso se deve ao fato de os dirigentes das organizações ainda não terem bem claras quais são as atividades dessa profissão que ainda busca esclarecer sua finalidade. Porém, as transformações por que passam as organizações, em que é necessária qualidade para competir, têm revelado a importância da comunicação, e, nesse contexto, o papel das relações públicas tem sido ressaltado.

ATIVIDADE DE RELAÇÕES PÚBLICAS

São atividades principais de relações públicas (Cesca, 2006, p. 23-5): assessoria e consultoria; planejamento; execução e avaliação. Cada uma dessas atividades compreende atividades menores como mencionaremos a seguir:

ASSESSORIA E CONSULTORIA

Sugere à alta administração políticas para os setores da organização que trabalham com a opinião pública, como: políticas de relações públicas; de publicidade institucional; de relações industriais; de marketing, e políticas no tratamento com os diversos setores da opinião pública.

PESQUISA

Realiza todos os levantamentos que entende necessários para respaldar o seu trabalho, como: pesquisas institucionais; pesquisas de opinião pública e análise de resultados; análise de entrevistas com líderes de opinião; análise de correspondências; definição dos públicos de interesse da organização; promoção e análise de resultados de pesquisa; elaboração de calendários de eventos; promoção e análise de pesquisa de audiência; detecção de situações da organização que possam afetar o seu conceito na opinião pública.

PLANEJAMENTO

Elabora planos, programas e projetos de relações públicas e requisita recursos humanos e materiais para sua execução. Por exemplo: elabora planos de programações e operações de relações públicas; planeja campanhas institucionais de publicidade; seleciona pessoal para execução de programas; apresenta e explica os programas à direção.

EXECUÇÃO

Realiza todos os trabalhos concernentes à divulgação, comunicação com os públicos e eventos, tais:

DIVULGAÇÃO JORNALÍSTICA EXTERNA

Elabora e distribui noticiário por meio de *press release* para os veículos de comunicação social; organiza e dirige entrevistas coletivas; mantém contatos permanentes com a imprensa; supervisiona coberturas fotográficas e de televisão, orientando a realização do trabalho; organiza e mantém atualizados arquivos de imprensa, fotografias, filmes etc.

COMUNICAÇÃO ENTRE A ORGANIZAÇÃO E SEU PÚBLICO

Elabora publicações da organização para funcionários, clientes, fornecedores; desenvolve folhetos, relatórios, livros, cartazes; sugere campanhas publicitárias e promoções institucionais; elabora quadro de avisos, jornal mural, exposições, mostras; organiza e dirige visitas às instalações, viagens; redige discursos, mensagens, correspondências; cria e dirige sistemas específicos de comunicação; elabora materiais audiovisuais; mantém contatos pessoais por outros meios com líderes de opinião, empresários, autoridades; atende às consultas,e aos pedidos; organiza entrevistas e contatos com a direção da organização etc.

EVENTOS E PROMOÇÕES ESPECIAIS

Organiza promoções e eventos, como: inaugurações, convenções, congressos, conferências, simpósios etc.; dirige cerimonial; representa a organização e sua direção; mantém cadastro de líderes de opinião de interesse da organização.

GERÊNCIA DE ASSUNTOS PÚBLICOS

Elabora cadastro de assuntos de interesse público afetos à organização; organiza grupos de trabalho específicos para cada assunto; coordena o trabalho desses grupos e a execução de atividades sugeridas por eles e aprovadas pela direção da organização; apresenta sugestões à diretoria.

AVALIAÇÃO

Avalia, com técnica de pesquisa e análise, os resultados dos trabalhos de relações públicas desenvolvidos.

COMO SÃO CLASSIFICADOS OS PÚBLICOS NAS ORGANIZAÇÕES

As transformações ocorridas nas organizações fizeram surgir novos tipos de público, os quais não estavam contemplados nas classificações tradicionais; diante disso, criamos esta classificação e suas características:

- Interno vinculado: administração superior, funcionários fixos e funcionários com contratos temporários;
- Interno desvinculado: funcionários de serviços terceirizados que atuam no espaço físico da organização;
- Misto vinculado: vendedor externo não autônomo, acionistas, funcionários do transporte com vínculo empregatício, funcionários que trabalham em suas residências de forma não autônoma e funcionários que prestam serviços a outras organizações;
- Misto desvinculado: fornecedores, distribuidores, revendedores, vendedores externos autônomos, funcionários que trabalham em suas residências de forma autônoma, familiares de funcionários e funcionários do transporte terceirizados;
- Externo: comunidade, consumidores, escolas, imprensa, governo, concorrentes, bancos, sindicatos e terceiro setor.

QUAIS SÃO AS CARACTERÍSTICAS DESSES PÚBLICOS?

- Interno vinculado: ocupa o espaço físico da organização e tem vínculo empregatício com ela.
- Interno desvinculado: ocupa o espaço físico da organização sem possuir vínculo empregatício. Apesar disso, a organização tem responsabilidades com esse público.
- Misto vinculado: não ocupa o espaço da organização, mas tem vínculo empregatício ou jurídico com ela.
- Misto desvinculado: não ocupa o espaço físico da organização e nem mantém vínculo empregatício com ela, mas relaciona-se por meio de direitos e deveres.
- Externo: não ocupa o espaço físico da organização nem estabelece qualquer tipo de vínculo formal com ela; no entanto, a organização está sempre atenta à opinião desse público e tem responsabilidades com ele.

EVENTO

Evento é um fato que desperta a atenção, podendo ser notícia e, com isso, divulgar o organizador. Para as relações públicas, evento é a execução do projeto devidamente planejado de um acontecimento, com o objetivo de manter, elevar ou recuperar o conceito de uma organização junto a seu público de interesse.

Simões (1995, p. 170) reporta-se a evento como instrumento misto de relações públicas. "É um acontecimento criado com a finalidade específica de alterar a história da relação organização–público, em face das necessidades observadas. Caso ele não ocorresse, a relação tomaria rumo diferente e, certamente, problemático".

Giácomo (1993, p. 45) analisa o evento como "componente do 'mix' da comunicação, que tem por objetivo minimizar esforços, fazendo uso da capacidade sinérgica da qual dispõe o poder expressivo, no intuito de engajar pessoas numa idéia ou ação".

Outros profissionais que reivindicam a organização de eventos para si, como aqueles com formação em turismo ou os promotores de eventos, estes últimos com as mais variadas formações, visam apenas o retorno financeiro, sem a preocupação própria do profissional de relações públicas que objetiva cuidar do conceito da empresa, pois o evento está inserido num amplo planejamento organizacional; não é algo isolado.

De fato, a classificação de eventos é muito ampla, como veremos a seguir, e a parcela que acreditamos ser a mais competente para exercê-la, o profissional de relações públicas, é aquela restrita a eventos voltados para as organizações. Não estamos, portanto, nos reportando a eventos sociais, cujo filão pode ser da competência de qualquer profissional.

A tese de que a atividade eventos é também do profissional de relações públicas é reforçada por Giácomo (1993, p. 45-6): "O evento tem sido tratado, em suas dimensões teórico-práticas, como fenômeno exclusivo da área de relações públicas. Esse fato está relacionado com a condição de estrategista da comunicação que o profissional dessa área deve possuir". Continua a autora:

> O relações públicas é um profissional cujas características de trabalho relacionam-se principalmente a ações de bastidores. Assim, uma das poucas atividades que realmente se fazem notar entre suas diversas atribuições acaba sendo precisamente o evento. Daí sua fama de "festeiro"! Na verdade, ele é um especialista em públicos e nas formas diversificadas de estabelecer comunicação com eles.

Acreditamos que todos os profissionais de relações públicas sabem que eventos têm de ser vistos sob essa óptica mencionada por Giácomo; porém, esses profissionais não integram muitas das organizações em que os eventos são realizados. Assim, quem organiza eventos tem de recorrer aos seus parcos conhecimentos e, certo de que é um "organizador de eventos", trabalhar o evento isoladamente, o que, com certeza, não trará os mesmos resultados que poderia trazer, se fosse utilizado um instrumento cuja repercussão refletisse no conceito da organização.

CLASSIFICAÇÃO DOS EVENTOS

Do ponto de vista das organizações, os eventos podem ser classificados em institucionais e promocionais (comerciais). De forma mais abrangente, são considerados: folclóricos, cívicos, religiosos, políticos, sociais, artísticos, científicos, culturais, desportivos, técnicos etc.

TIPOS DE EVENTO

Para escrever sobre tipos de evento buscamos subsídios em vários autores – como Nelson Speers, Teobaldo de Andrade, Massahiro Miyamoto e Robert Jolles – e acrescentamos a nossa experiência.

PROGRAMA DE VISITAS

É a atividade que se realiza quando uma organização recebe grupos de pessoas seguindo uma programação criteriosamente preparada, com o objetivo de divulgá-la para seu público de interesse, por meio da apresentação de sua área física, sua filosofia, sua política e seu ramo de atividade. Teobaldo de Andrade (1993, p. 142) diz que é a chamada "política de portas abertas" que propicia uma aproximação entre o público e a empresa, tendo a vantagem do contato direto.

Ao se planejar um programa de visitas é necessário: observar quem convidar, marcar datas, divulgar para os funcionários da empresa, formalizar o convite ao visitante, preparar *folder* ou folheto sobre a empresa, organizar o roteiro, selecionar recepcionistas e guias, oferecer transporte, cuidar da chegada dos convidados, distribuir roteiro, entregar crachás, reunir os visitantes no auditório da empresa, fazer a apresentação do audiovisual institucional, fazer uma explanação sobre a empresa, dividir os visitantes em grupos, fazer intervalos para descanso, oferecer lanche ou almoço, distribuir material de divulgação, amostras, brindes, questionários para avaliação etc.

Quando for necessário trabalhar com guias, é importante elaborar um manual que permita a preparação de pessoas para acompanhar os grupos visitantes. Nesse manual devem constar informações diversas sobre a empresa, um esquema geral do roteiro e da conduta e providências que um guia deve tomar.

Com relação a brindes, Simões (1995, p.181) faz uma interessante observação:

> Têm por objetivo sensibilizar as pessoas, afetivamente, para a boa vontade com referência à organização. Fundamentam-se no princípio: 'quem ama, dá'. Variam em tipo e qualidade de acordo com seus objetivos, público, quantidade, potencial econômico da organização etc. Um brinde necessariamente deveria confirmar, por sua aparência externa, a forte conotação afetiva do gesto do doador em relação ao seu destinatário. Ocorre, muitas vezes, de o brinde estar excessivamente investido da função de propaganda e o recebedor não chegar a considerar-se presenteado. Para garantir esse efeito, a preocupação com a estética é fundamental. O brinde de relações públicas difere de seu congênere de marketing exatamente por esse aspecto.

CONCURSOS

São competições que estimulam o interesse do público participante e o familiariza com a organização e suas políticas. Podem ser utilizados com funcionários e familiares, distribuidores, acionistas, revendedores e o público externo.

Os prêmios aos vencedores podem ser dinheiro, taças, certificados, medalhas, viagens etc.

Ao se elaborar um projeto para concurso, os dados a seguir devem ser observados: nome do concurso, critério de avaliação, número de participação por concorrente, número de participação premiada, critério de desempate, publicação e duração, composição do júri, prêmios oferecidos e regulamento a ser seguido.

EXPOSIÇÕES, FEIRAS, SALÕES E MOSTRAS

São formas de expor publicamente produtos, objetos, fotografias, documentos etc., com a finalidade de divulgar e/ou vender.

Quando o objetivo é apenas divulgar, o evento deve ser organizado ou administrado pelo profissional de relações públicas, porém, se pretende vender, é trabalho específico de marketing, publicidade e vendas, que poderão contar com a assessoria de relações públicas.

As várias formas de expor possuem características diferentes, embora, nos dias de hoje, alguns "organizadores" não façam distinção entre elas. Consideramos, porém, que essas características devem ser respeitadas pelo organizador competente.

Modelo padrão de regulamento para concursos

CONCURSO: (nome)

1- OBJETIVOS: (o motivo do concurso)
2- PARTICIPAÇÃO: (quem pode participar)
3- APRESENTAÇÃO: (como deverá ser apresentado o objeto do concurso)
4- ENTREGA: (quando, onde, horário e nº de participação por pessoa)
5- SELEÇÃO: (comissão julgadora, critérios, desempate, nº de vencedores)
6- PREMIAÇÃO: (quais serão os prêmios)
7- DIVULGAÇÃO DO VENCEDOR: (onde e quando)
8- DISPOSITIVOS GERAIS:

- Os .... não premiados, não serão devolvidos.
- Serão eliminados automaticamente todos os .... que não atenderem às disposições deste regulamento.
- A participação no "Concurso ...." implicará a aceitação irrestrita das normas estabelecidas neste regulamento.
- O .... premiado será de propriedade da ...., podendo ser usado como melhor convier.
- Qualquer ponto omisso será dirimido pela comissão julgadora, cuja decisão é soberana, irrecorrível e irrevogável.

EXPOSIÇÃO

É fixa, visa apenas divulgar. Nas grandes exposições, a pessoa organiza sua participação adquirindo o espaço físico, que será transformado em estande e integrará, com outros expositores, o evento. Nas pequenas exposições, geralmente individuais, de artistas plásticos, a cessão do espaço físico pode ser obtida sem despesas. Convencionou-se chamar de *vernissage* a abertura de exposições de artes plásticas.

FEIRA

É ampla, fixa e visa vender. Nesse caso, o profissional de relações públicas da organização que participa do evento pode executar um trabalho de assessoria ao pessoal de vendas, marketing e publicidade.

O expositor organiza sua participação comprando o espaço físico que se transformará no estande; ele estará, com outros expositores, participando de um evento amplo e concorrido; nesse caso, tal espaço é bastante dispendioso por se tratar de um evento de vendas. Feira é a forma de expor organizada com mais freqüência.

SALÃO

É amplo, fixo e visa apenas divulgar, embora hoje apresente características de feira. O procedimento para sua organização é o mesmo adotado para as situações anteriores.

MOSTRA

É pequena, circulante e visa somente divulgar. É a única forma de expor que circula, isto é, pode ser vista em vários locais, com a mesma forma e conteúdo.

Para a implantação de qualquer uma dessas formas de exposição há a necessidade de, além de se obter o espaço físico, montar e decorar um estande, se possível com a contratação de pessoal especializado. Devem-se contratar recepcionistas e instruí-las, produzir material de divulgação, criar condições para oferecer coquetel, fazer *shows*, demonstrações, apresentação de audiovisuais etc., proporcionalmente ao porte do evento.

A divulgação deve ser objeto de muita atenção e cuidado: é preciso haver farto material no estande, como folhetos, *folders*, prospectos, brindes criativos e catálogos. Externamente, a própria organização pode fazer a divulgação de sua participação no evento na mídia.

Os estandes recebem, hoje, extremo cuidado para apresentar o melhor visual possível e, com isso, atrair o público.

ENCONTROS

São eventos com porte e duração variáveis, nos quais as pessoas se reúnem com a finalidade de discutir temas de interesse comum.

A seguir apresentamos os mais diversos tipos de encontro:

CONFERÊNCIA

É a exposição de um assunto de amplo conhecimento do conferencista, que geralmente é pessoa reconhecidamente competente. Após a explanação, a palavra pode ser dada à platéia para questionamentos; porém, quando a conferência é realizada na abertura de um evento maior, é aconselhável não abrir espaço para perguntas, pois a ordem do dia pode ficar comprometida.

A videoconferência já é bastante usada no Brasil. Seu sucesso apenas depende de transmissão eficiente.

PALESTRA

É a exposição de um assunto para uma platéia relativamente pequena. O assunto é geralmente de natureza educativa e os ouvintes já possuem algum conhecimento sobre o que será exposto. Após a apresentação deve haver abertura para questionamentos. Pode-se organizar um ciclo de palestras.

AULA INAUGURAL/AULA MAGNA

Aula inaugural ou magna é o evento em que a instituição tem mais uma oportunidade de fazer aproximação com seu público de maior interesse: o aluno.

Deve ser proferida por alguém com domínio total do assunto a ser abordado, e, preferencialmente, que tenha um nome de destaque na sua área de conhecimento.

Tendo-se a intenção de que o evento seja glamoroso, ao compor a mesa, a conferencista pode ser introduzida no ambiente por alguém da cúpula, ao som de "pompas e circunstâncias".

Ao finalizar, uma placa de agradecimento pode ser inaugurada para registrar a presença de tão nobre visitante.

O evento deve ser encerrado com o oferecimento de um coquetel, jantar ou equivalente, assim, não é recomendável abertura para perguntas.

SIMPÓSIO

São vários expositores com a presença de um coordenador. O tema geralmente é científico. Após as apresentações, a platéia participa com perguntas à mesa. O objetivo não é debater, mas realizar um intercâmbio de informações.

PAINEL

É um debate entre os expositores, sob a coordenação de um moderador. Cabendo à platéia o comportamento de expectadora, sem formular perguntas à mesa.

MESA-REDONDA

Os expositores ficam sob a coordenação de um moderador, com tempo limitado para a exposição, e posterior debate. A platéia pode encaminhar perguntas à mesa.

CONVENÇÃO

É a exposição de assuntos por várias pessoas, com a presença de um coordenador. A dinâmica é escolhida pelo organizador quando a duração é de alguns dias.

É promovida por entidade empresarial ou política, como: reunião de membros de um partido político para escolha de candidatos; reunião de vendedores, revendedores ou concessionárias, para conhecimento e troca de informações e experiências; convenção de vendas etc.

Para Cláudia Canilli (1993, p. 128) trata-se de um momento de particular importância na vida da empresa, que deve transmitir aos participantes otimismo, confiança e segurança.

CONGRESSO

É realizado em vários dias, com a inclusão de outros encontros dentro deste. Constitui-se num evento de grande porte, que engloba, inclusive, atividades sociais para os participantes.

É promovido por entidades associativas com a finalidade de estudar temas cujas conclusões são adotadas no todo ou em parte depois de encaminhadas às autoridades, como posição da classe. Exemplo: congresso de relações públicas, congresso médico etc. Os congressos podem ser regionais, nacionais e internacionais.

Segundo Lozano (s.d., p. 165), pelo fato de o congresso ser precisamente um sistema de comunicação, não há ninguém mais adequado para se encarregar da sua organização do que os especialistas em relações públicas.

SEMINÁRIO

A exposição é feita por uma ou mais pessoas com a presença de um coordenador. O assunto exposto é do conhecimento da platéia, que participa em forma de grupos. Geralmente o seminário divide-se em três fases: exposição, discussão e conclusão. As decisões podem ser adotadas pela área.

FÓRUM

É a apresentação das exposições feita com a presença de um coordenador e caracterizada pela discussão e pelo debate. A platéia participa com questionamentos. Ao final, o coordenador da mesa colhe as opiniões e apresenta uma conclusão representando a opinião da maioria. O fórum pode ter a duração de um ou mais dias.

DEBATE

É a discussão entre duas pessoas que defendem pontos de vista diferentes sobre um tema. É possível realizar debates com mais de dois participantes, porém a oportunidade da palavra fica reduzida. A platéia só pode participar com aplausos e protestos moderados.

BRAINSTORMING

É um tipo de encontro no qual as pessoas se propõem a apresentar idéias acerca de um problema.

O coordenador do grupo encarrega-se de fazer a seleção da melhor sugestão para a questão. É um tipo de encontro muito utilizado pela área publicitária. Para Miyamoto (1987, p. 23) essa reunião tem uma fase criativa e outra avaliativa.

Watt (1995, p.104-5) afirma que essa técnica é muito prática para quando se quer fazer uma análise exaustiva de todas as possibilidades e deixar uma reunião bem aberta quanto aos resultados, acertar as melhores idéias sem descartar nada previamente e estimular a imaginação dos participantes. Sugere a autora que se sigam os seguintes passos: exposição do problema pelo coordenador durante 10 a 15 minutos; lançamento de idéias; seleção de idéias e síntese.

CONCLAVE

Caracteriza-se pelo caráter religioso e para o qual são trazidos temas de ordem ética e moral. Os expositores são, em sua maioria, religiosos, e a organização é semelhante a dos congressos. As conclusões podem ser adotadas.

SEMANA

É a nomenclatura atribuída a um tipo de encontro semelhante ao congresso, no qual pessoas se reúnem para discutir assuntos de interesse comum. O evento tem duração de vários dias e dinâmica semelhante a de um congresso.

ENTREVISTA COLETIVA

É um tipo de encontro no qual o expositor (entrevistado) faz uma rápida explanação e é questionado pelos representantes da imprensa (jornalistas). Dependendo do entrevistado, as perguntas são previamente submetidas à sua apreciação. A organização é simples: sala e cadeiras confortáveis, serviço de água e café e entrega de *press-kit* aos jornalistas. Nenhum órgão deve ser esquecido quando formulados os convites para a coletiva.

Para os Lloyd (1990, p. 147) os jornalistas são pessoas muito atarefadas e só devem ser convocados para uma coletiva quando o assunto for realmente muito importante.

Noguero (1996, p. 144) argumenta que a organização e convocatória da entrevista coletiva é uma técnica muito utilizada em programa de relações públicas ou no desenvolvimento e manutenção de uma política de relações públicas, por parte de determinados indivíduos, associações, empresas, partidos políticos, departamentos de governo etc.

JORNADA

Encontro de grupos profissionais, de âmbito regional, para discutir periodicamente assuntos de interesse do grupo. É promovido por entidades de classe, com duração de vários dias. As conclusões podem servir de diretriz para a classe.

WORKSHOP

Encontro em que há uma parte expositiva seguida de demonstrações do objeto (produto) que gerou o evento. O *workshop* pode fazer parte de um evento de maior amplitude.

OFICINA

É semelhante ao *workshop*, sendo a oficina mais utilizada na área educacional e o *workshop* na área comercial/empresarial. Pode, também, fazer parte de eventos de maior porte.

COLÓQUIO

É a exposição de um tema em reunião fechada, sob uma coordenação, que tem por objetivo esclarecer e tomar decisões.

A ORGANIZAÇÃO DOS ENCONTROS

Os grandes encontros, com duração de vários dias, têm o primeiro dia reservado somente para a abertura, que se realiza à noite, ficando o período do dia para recepção dos participantes, entrega de material e informações.

A abertura constitui-se na apresentação de uma conferência, por pessoa de destaque, podendo, ainda, se fazer homenagens especiais. Na seqüência pode haver um número artístico, seguido de coquetel. Nos demais dias a dinâmica transcorre em torno de painéis, seminários, mesas-redondas, oficinas, lançamento de livros, *workshops*, comunicações livres etc., que podem ser concomitantes.

O planejamento do encontro deve ser feito com a devida antecedência, pois requer divulgação para o público de interesse, formulação de convites aos expositores, aquisição de verbas para recursos humanos e materiais, busca de patrocínios, apoios ou parcerias etc.

A preparação do ambiente físico requer mesa que comporte, de preferência, exatamente o número de pessoas que a comporão na abertura, não sendo conveniente colocar muitas pessoas (optar por número ímpar para dar destaque ao coordenador do evento); as primeiras fileiras do auditório podem ser usadas para autoridades e convidados especiais, devendo, para isso, estar devidamente reservadas.

As bandeiras podem ficar hasteadas externa ou internamente (ao lado direito da mesa, estando a do Brasil ao centro, à sua direita a do Estado onde é realizado o evento e à sua esquerda a do anfitrião. Caso hasteiem só duas, a do Brasil ficará à direita).

Um painel, criativo e nítido, deve identificar o evento, no fundo da sala, atrás da mesa diretiva. Outra possibilidade é colocá-lo na frente da mesa diretiva, desde que não fique escondido pelas flores que decoram o ambiente. Estas devem ficar sobre a mesa, se forem arranjos baixos, que não cubram os expositores; caso contrário, é mais adequado que fiquem no chão, próximo ao centro da mesa, ou nas laterais desta.

Os crachás de mesa são muito úteis para mesas com vários componentes, e devem ter a identificação de ambos os lados para facilitar a localização dos seus membros, principalmente quando forem chamados para ocupar os seus lugares. Quando o lugar na ponta da mesa, pela ordem de precedência, for ocupado por uma mulher, deverá ser trocado e ocupado por alguém do sexo masculino.

Os eventos internacionais requerem tradução simultânea para obter sucesso.

A presença do mestre-de-cerimônias é fundamental em qualquer evento. É ele que torna a dinâmica dos trabalhos organizada e clara para todos. Deve ser pessoa desinibida, com boa apresentação, segura, do sexo feminino ou masculino, que conheça qual é o seu papel no evento para não brincar durante o uso da palavra. Seu lugar é uma tribuna ao lado da mesa diretiva, cujo espaço pode também ser aproveitado para divulgar os organizadores, afixando-se a sua logomarca.

As autoridades não podem passar despercebidas; para evitar que isso aconteça, pode-se instalar uma sala VIP, ou mesmo uma mesa com a designação "Mesa de autoridades".

A imprensa, se possível, deve ter sua sala devidamente equipada; caso contrário, alguém deve ser incumbido de acompanhá-la prestando-lhe toda a assistência.

As pessoas contratadas por serviços terceirizados precisam receber todas as instruções do organizador de eventos, lembrando-lhes que se trata de trabalho profissional, embora, muitas vezes, estejam numa festa.

Quanto ao uso da tribuna, Jolles (1995, p. 210) diz que:

> Existem argumentos a favor e contra o uso da tribuna. O argumento-chave contra o uso da tribuna é que os instrutores nervosos têm a tendência a ficar segurando nela. Sem dúvida, é um hábito que precisa ser evitado; porém, quando você olha para as vantagens de se usar uma tribuna, aquele problema torna-se trivial. A vantagem mais importante da tribuna é que lhe permite maior mobilidade. Existem aqueles que dizem que usar uma tribuna leva o instrutor a ficar estacionado atrás dela, mas na realidade o contrário é que é verdadeiro. Deixe-me explicar por quê. Vamos começar com a suposição de que você precisa dar uma olhada nas suas anotações ou em algum tipo de guia. Com a tribuna, você pode ficar confortavelmente andando dentro e fora da arena, trabalhando do seu jeito e voltar a ela quando do precisar dar uma espiada nas suas anotações.

Os anais não podem ser esquecidos; são o registro das decisões que precisam ter o devido encaminhamento.

A avaliação desses tipos de encontros é mais adequada se há também subsídios para uma avaliação do evento feita com o público participante. Uma das formas é a aplicação de um questionário, preferencialmente com poucas perguntas.

Modelo básico de questionário para avaliação de eventos

EVENTO: I Congresso Brasileiro de Comunicação Empresarial

Caro participante,

Agradecemos a sua opinião sobre este evento, respondendo às questões seguintes:

Comissão Organizadora

1- Você considera que o evento foi:

( ) ótimo   ( ) bom   ( ) regular   ( ) ruim   ( ) péssimo

2- Por qual veículo você tomou conhecimento do evento?
....

3- Quanto aos palestrantes, quais você considera que não satisfizeram suas expectativas?
....

4- A sua recepção na secretaria do evento foi:

( ) ótima   ( ) boa   ( ) regular   ( ) ruim   ( ) péssima

5- A comunicação entre os organizadores e os participantes foi:

( ) ótima   ( ) boa   ( ) regular   ( ) ruim   ( ) péssima

6- Como você avalia a programação cultural do evento?

( ) ótima   ( ) boa   ( ) regular   ( ) ruim   ( ) péssima

7- Caso você queira receber informações sobre outros eventos deixe seu nome e endereço eletrônico.

Nome:...
E-mail:..

LANÇAMENTO DE PEDRA FUNDAMENTAL

É o marco inicial de uma construção. Consiste em colocar em uma urna algo que represente o momento vivido pela organização e fique devidamente registrado para as futuras gerações, devendo a referida urna ser aberta por ocasião do jubileu de prata, jubileu de ouro ou qualquer outro momento de grande relevância para a organização.

Esse tipo de evento é realizado, na maioria das vezes, em locais pouco povoados, portanto, é preciso que a sua organização seja muito bem elaborada para atrair o público de interesse.

Como o lançamento da pedra fundamental, na maioria das vezes, acontece ao ar livre, requer que o piso em que ficarão os convidados seja preparado para recebê-los, com um leve cascalho, assim como deve ser providenciado um toldo, para a proteção em caso de chuva. O percurso até o local, bem como a área de estacionamento, também devem merecer grande atenção da organização.

A pedra deve ser construída em local que não comprometa a construção a ser iniciada, e deve estar pronta no dia do evento.

Por se tratar de um evento de curta duração, e não muito atraente, é conveniente que se procure trazer pessoas de destaque e se ofereça algo após a cerimônia, como estratégias para atrair o público de interesse e a imprensa.

No local em que será servido o coquetel pode haver exposição de uma maquete e planta da construção, assim como a entrega de *folders*, catálogos etc. aos convidados. Para a imprensa, um *press-kit* facilitará o trabalho dos jornalistas.

O conteúdo da urna geralmente é composto de jornais e revistas da época, moedas, notas, cópia dos discursos proferidos, ata do evento, cópia da planta, foto da atual diretoria, foto tirada no momento do evento etc.

Dependendo da localização do evento, pode haver o hasteamento de bandeiras e execução do hino nacional.

A lista dos convidados é composta dos fundadores, diretores, fornecedores, clientes, autoridades, engenheiros, operários e demais pessoas que tenham ligação direta ou indireta com a empresa organizadora do evento. O convidado de destaque, após confirmar presença, deve ter seu nome mencionado no convite.

Durante o evento o procedimento é o seguinte: os convidados ficam próximos à urna, que, por sua vez, está próxima à pedra de alvenaria construída. O mestre-de-cerimônias, recurso humano imprescindível, apresenta aos convidados as autoridades que tomarão parte na solenidade, mencionando, em primeiro lugar, o mais importante e, em último, o menos importante, e convidará todos para ouvir o hino nacional (se for o caso). Na seqüência, passa a palavra ao anfitrião. Nesse momento, dependendo do grau de importância dos presentes, as palavras são passadas para os discursos (devem ser lidos; os improvisos denotam falta de consideração para com os ouvintes), sendo em primeiro lugar o discurso do menos importante e, por último, o do mais importante (ver cerimonial a respeito).

A seguir, o mestre-de-cerimônias convida o anfitrião ou alguém que se queira homenagear, previamente determinado, para a colocação do material na urna, com apresentação nominal dos objetos aos convidados, entre eles a ata do evento (ver modelo abaixo). A urna é, então, encaminhada para a caixa de alvenaria, em que, com uma colher de pedreiro e massa se faz a fixação do tampo da caixa que encerra a urna. Nesse momento, também alguém pode ser homenageado dando-lhe a pá para um ato simbólico (o trabalho em si de fixação fica para o pedreiro, também presente). O ato é encerrado com a colocação da placa de identificação. Caso se opte por já deixá-la colocada, procede-se apenas à leitura desta.

Modelo de ata para lançamento de pedra fundamental

ATA DE LANÇAMENTO DE PEDRA FUNDAMENTAL

Aos .... dias do mês de .... de ...., na ...., cidade de .... Estado de ...., deu-se o lançamento da pedra fundamental da empresa .... que contou com a presença dos senhores ....
Discursaram na oportunidade os senhores ...., cujas cópias dos discursos estão anexadas a esta ata, bem como a lista de assinaturas dos presentes neste evento. Nada mais havendo a tratar, encerro esta ata por mim, (nome) ...., secretária, redigida e assinada.

Assinatura

Outra forma de se fazer o lançamento da pedra, sem ir ao local, geralmente ermo, é realizar todo o cerimonial em um outro local previamente contratado, como a sede da organização ou hotel com espaço adequado, e, depois, encaminhar para o local da construção da obra a urna que será colocada na pedra fundamental propriamente dita. Isso facilita quanto à segurança dos convidados, ao transporte e oferecimento de coquetel ou equivalente, além de beneficiar quanto ao horário e condições climáticas. É muito mais convidativo, constituindo-se numa grande estratégia.

INAUGURAÇÃO DE ESPAÇO FÍSICO

Consiste em apresentar ao público de interesse determinado espaço físico que entrará em atividade. Inicialmente, é necessária a escolha da data e hora do evento, preparação dos convites e lista de convidados.

Dependendo do porte do evento é preciso providenciar área de estacionamento e policiamento, visando à tranqüilidade e segurança do público convidado.

A contratação do *buffet* para o serviço de coquetel deve ser feita com antecedência, buscando referências na primeira vez que se negociar com aquele pelo qual se pretende optar.

As inaugurações podem ser feitas com fita/faixa ou placa. Se foi utilizada fita/faixa, mais própria para ambientes internos, esta deve ser colocada em ponto estratégico e estar a um metro do chão, para ser desamarrada ou rompida por meio de corte com tesoura. Se desamarrada, o laço deve ser feito de maneira tal que não dificulte o seu rompimento, por uma ou duas pessoas, os homenageados. A cor da fita fica a critério do organizador, podendo corresponder às cores nacionais ou às da empresa. Se cortada, a tesoura precisa ter aspecto de nova, bom corte, ser preferencialmente de prata, e trazida sobre uma bandeja, igualmente de prata, forrada com toalhinha para não escorregar. Não é conveniente que a tesoura seja colocada sobre almofada de veludo, pois poderá cair ao ser trazida pelo funcionário. Se for utilizada placa, o material deverá ser definido (geralmente bronze); nos dizeres é preciso constar o que se inaugura, data e nome das pessoas ligadas à inauguração. No ato do descerramento, a placa deve estar coberta com tecido nas cores nacionais ou da empresa. A fixação desse tecido deve merecer muita atenção para que não ocorram imprevistos no momento do descerramento, principalmente se for feito por duas pessoas, os homenageados.

A fixação pode ser feita em forma de cortina com pingentes de ambos os lados (duas pessoas), de um só lado (uma pessoa), ou, ainda, somente para retirada total no ato do descerramento (uma ou duas pessoas). As solenidades de inauguração com placas podem ser realizadas em espaço provisório e, posteriormente, afixadas no local definitivo. Isso porque, às vezes, o local em que se pretende colocar a placa não comporta certo número de pessoas, dificultando a cerimônia.

No momento do evento o procedimento é o seguinte: os convidados são recebidos e as autoridades que tomarão parte da solenidade ficam mais próximas à fita ou placa, todos dispostos de acordo com a hierarquia. O mestre-de-cerimônias apresenta as autoridades, passa a palavra ao anfitrião e, de acordo com o grau de importância, são feitos os discursos. Em seguida é feito o rompimento da fita ou descerramento da placa. Posteriormente, o local é percorrido pelos convidados, tendo à frente um religioso que dá a bênção (a presença do religioso depende da filosofia da organização).

Os convidados devem ser recepcionados com um coquetel. Para a imprensa, convidada permanente de todos os tipos de evento, deve ser preparado um *press-kit*. Aos presentes deve ser feita a entrega de *folders*, folhetos, brindes etc.

INAUGURAÇÃO DE RETRATOS, BUSTOS E ESTÁTUAS

Consiste em homenagear alguém por seu desempenho. É o tipo de homenagem prestada geralmente a pessoas falecidas. Hoje, porém, já se está prestando essa forma de homenagem a pessoas vivas. Exemplos: Pelé, Dercy Gonçalves e outros.

Inicialmente, há necessidade de o organizador manter contato com os familiares para que haja um entendimento prévio, no caso de a pessoa que se pretende homenagear ser falecida; caso contrário, o contato será com o próprio homenageado.

Os convidados desse evento serão os indicados pelo homenageado e/ou familiares, e o público de interesse do organizador.

Na seqüência, é necessário providenciar a escolha do local, a preparação e o envio de convites, a confecção da peça e a contratação de serviços de *buffet* para oferecimento de coquetel.

Com relação à confecção da peça, é preciso pesquisar para deixar tal trabalho a cargo de um profissional competente. É até comum se encontrar estátuas e bustos pelas praças e galerias que pouco traduzem as inscrições nelas constantes.

Quando esse evento ocorre em ambiente aberto, ou praça pública, a organização é mais trabalhosa, visto ser necessário recorrer a policiamento e cordão de isolamento, pelo fato de as autoridades ficarem expostas.

O ato inaugural se dá com as autoridades, de acordo com a hierarquia, próximas à peça coberta por tecido nas cores nacionais ou na cor do interesse do organizador. O mestre-de-cerimônias apresenta as autoridades, lê o currículo do homenageado e passa a palavra ao anfitrião, que se manifesta sobre o homenageado. Na seqüência, o homenageado, ou seu representante, discursa em agradecimento. Outras pessoas podem se manifestar, seguindo a hierarquia, e previamente colocadas na ordem do dia.

Se o evento for realizado em ambiente fechado, deve ser oferecido um coquetel aos presentes. Caso seja um evento aberto, pode haver uma apresentação musical ou algo que faça alusão ao homenageado.

À imprensa, deve ser entregue um *press-kit* e, aos presentes, deve ser feita a distribuição de *folder*, folheto ou pequenos brindes/mimos.

INAUGURAÇÃO DE PLACAS DE REGISTRO DE PRESENÇA

As placas com registro de presença são inauguradas quando há visita de pessoas de grande destaque, dos mais diversos ramos de atividade, que compareçam à organização por motivos variados.

O cerimonial assemelha-se ao de descerramento de placa inaugural de espaço físico, já visto.

INAUGURAÇÃO DE PLACAS DE RUAS

Os mesmos procedimentos feitos na inauguração de retratos, bustos e estátuas são aplicados nesse tipo de evento. O evento pode transcorrer na própria rua onde a placa será afixada ou em lugar fechado, sendo a placa, depois, colocada na rua que leva tal nome.

POSSES

Consiste em oficializar alguém em uma determinada função para a qual foi eleito ou designado. As posses são reguladas pelo regimento da instituição na qual se deve proceder a cerimônia. Por exemplo: a posse do Presidente da República, de governadores de Estado e prefeitos municipais têm o ritual determinado pelos respectivos cerimoniais.

Não havendo normas estabelecidas, a posse se dá com o pronunciamento de um termo de compromisso, leitura de um termo de posse e assinatura do empossado.

Dependendo da importância da posse, esses eventos são concorridos e requerem cuidados especiais com policiamento, credenciamento de jornalistas, áreas específicas de estacionamento, preparação de convites oficiais, decoração, bandeiras, hino etc.

As posses podem ser cerimônias abertas ou fechadas: em ambos os casos há remessa de convites ao público de interesse da organização e aos indicados pelo empossado.

Nas posses fechadas, é preciso ter controle de entrada por meio de convite, com presença confirmada na sessão solene e recepção. Nas posses abertas, a sessão solene é para quem tiver interesse, além dos formalmente convidados. Porém, para a recepção, há necessidade de confirmar presença, na maioria das vezes com adesão.

A recepção deve ter indicadores de mesa, e, se for muito grande, um plano de mesa, na entrada, com recepcionista para acompanhamento dos convidados.

A disposição dos presentes nas posses políticas é indicada nos respectivos cerimoniais. Nas posses empresariais, que hoje constituem um grande gancho para aproximar a cúpula das bases, em uma nova política empresarial implantada, a composição da mesa segue a ordem de precedência, mesmo que a cerimônia se processe em pé.

Modelo de termo de posse

TERMO DE POSSE

Aos ...... dias do mês de .... de dois mil e ...., às ....
horas, perante o ...., senhor ....,
foi empossada a senhora ...., para o cargo
........................., por .... anos, devendo ela assumir o compromisso
de bem servir a ....
    Este termo de posse foi lavrado pelo senhor ....,
secretário, e será assinado pela empossada e pelos presentes no ato de posse.

Assinaturas

Em linhas gerais, uma posse transcorre com o pronunciamento daquele que dá a posse, o discurso de quem sai, o discurso de quem entra, o pronunciamento do termo de compromisso, que varia de acordo com a instituição, e a assinatura do empossado. Uma recepção encerra a cerimônia.

As empresas privadas podem realizar esse evento fazendo algumas adaptações, e aproveitam, assim, a oportunidade para fazer sua divulgação.

OUTORGA DE TÍTULOS

Consiste em homenagear pessoa física ou jurídica em reconhecimento a serviços prestados, com a entrega de diploma ou título. As modalidades são: doutor *honoris causa*, professor *honoris causa*, professor emérito, mérito universitário, diploma de sócio honorário, diploma ou medalha de honra ao mérito etc.

Essas outorgas requerem um planejamento que vai da decoração do ambiente em que ocorrerá a sessão solene e a recepção, à preparação e envio de convites, contratação de serviços de *buffet*, confecção do diploma (pode ser troféu ou placa) e impressão de material sobre o homenageado, até o policiamento (dependendo do grau de importância do homenageado) etc.

O diploma a ser entregue deve ter o logotipo da instituição que presta homenagem, se for a sua tradição. Caso contrário, podem-se criar algo de acordo com o homenageado. Se a opção for por placa, nesta deverão constar o nome do homenageado, o motivo da homenagem, a data e o nome dos homenageantes.

O ato em si inicia-se com a composição de mesa (quem recebe o título pode ser introduzido ao ambiente por alguém da instituição), feita por um mestre-de-cerimônias que, em seguida, lê o currículo do homenageado e passa a palavra ao anfitrião, o qual faz uma saudação ao homenageado (outras pessoas também podem falar, desde que previamente contatadas). A seguir, o homenageado faz seu discurso de agradecimento.

Dando continuidade, o mestre-de-cerimônias convida o anfitrião para a entrega do título ao homenageado; nesse momento, ambos assinam o título. O anfitrião dá por encerrada a sessão solene e o mestre-de-cerimônias convida a todos para a recepção que, nos dias de hoje, é por adesão, com apresentação de convite.

LANÇAMENTO DE LIVRO

Consiste em apresentar o autor e sua obra ao público de interesse. O lançamento pode ser feito em uma manhã, tarde ou noite de autógrafos.

Para os livros infantis, são mais propícias as manhãs ou tardes; para os de culinária, as tardes são mais indicadas. Os demais gêneros têm maior público à noite.

O planejamento desse evento inicia-se com a escolha do local, podendo-se optar por escolas, clubes, bares, bibliotecas, espaço da própria editora ou seus distribuidores, que são as livrarias. Evidentemente, convém adequar o gênero ao local.

A lista dos convidados é feita pela editora de comum acordo com o autor. Mesmo quando for um lançamento aberto ao público em geral, cujo convite é feito pela imprensa, existem convidados específicos.

Quando é um lançamento fechado, há apenas a divulgação da obra pela imprensa, sem convite para o lançamento, daí a necessidade do envio de *press-release*.

Para que o evento transcorra de forma adequada, o ambiente físico escolhido, devidamente decorado, deve conter: uma mesa para o autor, uma mesa na entrada para a recepção aos convidados (com livro de presença), uma mesa para o vendedor da editora e algumas poltronas espalhadas estrategicamente. Embora seja um evento em que as pessoas ficam em pé, sempre há aqueles que, por algum motivo, têm necessidade de se sentar.

A dinâmica do evento transcorre assim: o interessado inicialmente se dirige ao vendedor e adquire o livro, em que este coloca um marcador com o nome do adquirente; em seguida, o comprador se encaminha ao autor para receber o autógrafo.

Dependendo do gênero da obra, seu lançamento ou sessão de autógrafos pode ser em escolas. Nesse caso, pode, como abertura, haver uma palestra sobre o conteúdo do livro. Em outros ambientes, o autor, se desejar, pode fazer uma explanação breve sobre o livro, porém num momento em que se observa maior concentração de pessoas – isso porque se trata de um evento no qual as pessoas não têm horário para chegar; ocorre a partir de determinada hora.

Em um país onde se lê pouco, a grande estratégia desse evento tem sido o oferecimento de coquetel, que geralmente fica às expensas do autor. Há organizadores que expedem convites com destaque para o coquetel, não para o lançamento do livro; verdadeiro absurdo.

O registro do evento e a presença da imprensa devem merecer grande atenção dos organizadores.

LANÇAMENTO DE PRODUTO

Pode tanto ser realizado na própria organização, acompanhado de um café da manhã, como, dependendo do impacto que se quer dar e da verba de que se dispõe, ser feito em locais externos, previamente contratados. Eventos em épocas de temporada, em cidades estrategicamente escolhidas, dão grandes resultados.

A decoração do ambiente segue o tipo de produto, e o cardápio do que será servido depende do público convidado. A imprensa é público especialíssimo.

Se o produto a ser lançado é uma peça única, deve ser coberto com um tecido (com as cores nacionais ou da organização), e ser descoberto após a apresentação pela pessoa designada para tal.

LANÇAMENTO DE MAQUETE

São válidas todas as informações para o caso de lançamento de maquete. O público deve ser escolhido com todo cuidado. A imprensa convidada tem de merecer toda a atenção.

A maquete deve ser coberta por tecido com as cores nacionais ou da organização, sendo descoberta após os discursos. O local para lançamento contribui para o sucesso do evento.

LANÇAMENTO DE SELO

Consiste em apresentar aos presentes, especialmente à imprensa, o selo comemorativo de determinado evento. É um ato que pode fazer parte de um evento maior, não havendo necessidade de que ocorra isoladamente.

ENTREGA DE PRÊMIOS, PLACAS, CERTIFICADOS, MEDALHAS

Essas entregas são feitas geralmente dentro de outros eventos: ao finalizar um concurso, ao homenagear alguém, ao final de um evento esportivo etc. São feitas com a chamada do premiado pelo mestre-de-cerimônias e com a entrega do prêmio por uma pessoa anteriormente designada – normalmente a maior autoridade do evento.

RODADAS DE NEGÓCIOS

São eventos realizados na própria organização, em hotéis ou em outros locais que ofereçam infra-estrutura adequada. A finalidade é criar condições para futuros negócios ou, até mesmo, para concretizá-los.

LEILÕES

Consiste na venda pública de objetos a quem der maior lance, partindo de um valor determinado. Necessita da presença de um leiloeiro oficial e, evidentemente, do público, convidado pelos veículos de comunicação de massa e dirigida.

DESFILES

É um tipo de lançamento de produto com características peculiares. O local é fundamental para contribuir com o sucesso do evento, bem como a presença de modelos famosos. Na maioria das vezes o público compra o seu convite para participar. A presença de pessoas de destaque na platéia também auxilia a tornar o evento bem sucedido, pois atrai a imprensa.

O que será servido depende do público. As opções são: chá da tarde, coquetel na mesa, *coffee-break* na mesa etc.

EXCURSÕES

Consiste em agrupar pessoas para passar um ou mais dias viajando. Para as organizações em geral é uma forma de integração entre seu público interno, cujo retorno é o trabalho do funcionário com o moral elevado. Essas excursões podem ser extensivas aos familiares, havendo, com isso, maior adesão ao evento.

O planejamento implica a confirmação de presença dos interessados, após a divulgação do custo que, na maioria das vezes, é subsidiado pela organização. O local é uma estratégia decisiva para a aceitação, por isso pode ser eleito por meio de pesquisa com os funcionários. É possível, ainda, estabelecer um calendário de excursões, de comum acordo com o público interno, para que cada um planeje sua participação.

Visando facilitar a organização pessoal de cada excursionista é preciso o preparo e a distribuição de listas de necessidades para a viagem, evitando-se, com isso, exageros por parte daqueles que viajam pela primeira vez. Normas de conduta dentro do veículo de transporte devem ser passadas aos excursionistas na saída da viagem, principalmente se a excursão for de vários dias, caso contrário, os dissabores poderão ser muitos, comprometendo, às vezes, essa interessante opção de lazer que a organização oferece.

EVENTO ESPORTIVO

Consiste na disputa entre equipes esportivas, cada qual na sua modalidade, com a presença de platéia.

Sua organização requer divulgação, envio de convites, inscrições dos interessados, estabelecimento das tabelas de jogos de acordo com as modalidades etc.

Após definidos os locais dos jogos e da abertura, é preciso determinar o posicionamento das pessoas ilustres e autoridades convidadas, sempre segundo a ordem de precedência. Os serviços de apoio devem atuar com o oferecimento de bebidas, sucos, canapés etc. a esses convidados, antes, durante e nos intervalos dos jogos.

As homenagens a pessoas ilustres, vivas ou mortas, podem ser feitas dando seus nomes às provas, ou convidando-as para marcar o início da competição: no futebol, o pontapé inicial; em corrida, o tiro de partida etc. Em homenagem aos recém-falecidos pede-se um minuto de silêncio.

A conduta do espectador obedece às peculiaridades da modalidade: tênis, hipismo e golfe se assistem em silêncio, permitindo-se aplausos apenas em determinados momentos; no futebol, por se tratar de um esporte popular, o comportamento é do conhecimento de todos.

A colocação de bandeiras segue o cerimonial específico, e a nacional, quando hasteada com outras, deve ficar ao centro, num mastro mais alto. As bandeiras devem ser hasteadas por personalidades de destaque que as representem. Os hinos na abertura seguem a ordem alfabética, e, por último, vem o do anfitrião. Na premiação, segue-se a ordem de classificação.

Os prêmios oferecidos são os mais variados: medalhas de ouro, prata e bronze, taças, troféus, viagens, automóveis, jóias etc. Para a entrega aos vencedores são convidadas as personalidades mais importantes presentes no evento, seguindo a hierarquia prêmio/entregador. A ordem de chamada dos premiados é do último para o primeiro colocado.

Dependendo do porte do evento, o policiamento, a área de estacionamento, os grupos de auxiliares etc. não podem ser esquecidos pelos organizadores.

A abertura desse tipo de evento transcorre com o mestre-de-cerimônias anunciando aos presentes o tipo de evento, as autoridades presentes, a chamada dos portadores das bandeiras e o anúncio do hino nacional. Em seguida, a palavra é passada ao anfitrião. Os discursos obedecem à ordem de precedência já conhecida.

Nesse dia de abertura pode haver apresentações artísticas ou de uma modalidade, com o objetivo de exibição.

No encerramento, faz-se a entrega dos prêmios e o pronunciamento do anfitrião, no caso de eventos pequenos e médios. Nos eventos de grande porte, as premiações ocorrem logo após o término da competição das modalidades; o encerramento segue os moldes da abertura, geralmente em grande estilo. Um bom exemplo são as Olimpíadas.

As empresas privadas podem explorar esse tipo de evento para entretenimento, lazer e integração de seus funcionários e familiares, realizando competições interempresariais e interdepartamentais.

Daiuto (1991, p. 31) ensina que o cerimonial de abertura desse tipo de evento obedece à seguinte orientação geral: concentração das delegações; desfile; hasteamento dos pavilhões: do Brasil, do Estado e outros, ao som do hino nacional; entrada da bandeira dos jogos, torneios ou campeonato; entrada do fogo simbólico; acendimento da pira; saudação aos participantes; juramento do atleta; juramento do árbitro; declaração de abertura; retirada das delegações e apoteose.

DIAS ESPECÍFICOS

São aqueles dias que fazem parte do calendário de eventos da organização, como o dia da secretária, das mães, dos pais, aniversário da organização, semana das crianças etc. A forma de comemorar varia de uma organização para outra. Pode-se fazer um concurso, oferecer um café da manhã, *happy-hour* etc.

ENCONTROS DE CONVIVÊNCIA

Consistem em reunir pessoas para um momento de descontração, integração ou até mesmo negócios, no qual um serviço de *buffet* atende de acordo com o tipo de encontro.

COQUETEL

É um encontro no qual as pessoas circulam, sendo servidas por garçons ou servindo-se de uma mesa estrategicamente colocada. Salgadinhos variados e bebidas constituem o cardápio do coquetel *party*; se há ainda um prato quente é o coquetel *souper*; todo esse cardápio servido em uma mesa é o coquetel *buffet*.

Esse tipo de encontro é realizado por ocasião de homenagens a alguém, depois ou durante vários tipos de evento, como vimos em itens anteriores, em despedidas etc.

O *vin d'honneur* (vinho de honra) é um coquetel para diplomatas e uma ocasião para mostrar os símbolos do país. Quando se comemora a data nacional de algum lugar, oferece-se aos convidados, no mínimo, um coquetel, o *vin d' honneur*.

ALMOÇO

Pode ser realizado por ocasião de comemorações, homenagens, programa de visitas etc. São promovidos em restaurantes, clubes, hotéis e refeitórios de empresas com a devida reserva. Cabe ao organizador ser o primeiro a chegar para distribuir os lugares e fazer o acerto de contas.

O cardápio pode ser previamente escolhido, levando-se em conta as restrições feitas por algumas pessoas, muitas vezes por motivo religioso.

JANTAR

É realizado pelos mesmos motivos que o almoço e nos mesmos locais. Os cuidados em relação ao cardápio também devem ser tomados pelos organizadores.

BANQUETE

É um encontro suntuoso e solene, com considerável número de pessoas. Destaca-se dos anteriores pela qualidade dos serviços, das coberturas, das baixelas, dos talheres e da decoração.

CHURRASCO

É um evento popular, no qual os convidados não se preocupam muito com a etiqueta. Seu cardápio é constituído basicamente por carnes, saladas e bebidas. Sua realização é mais indicada para confraternizações empresariais de final de ano. Geralmente, têm duração de um dia inteiro, daí a necessidade de os responsáveis organizarem atividades paralelas para as diversas faixas etárias, e ficarem alertas para os excessos de álcool.

Pode ser realizado na própria organização ou em espaços físicos alugados para essa finalidade, onde há infra-estrutura. Muitas vezes, os churrascos são oferecidos gratuitamente aos funcionários por empresas privadas.

HAPPY-HOUR

É uma reunião de final de tarde, na saída do trabalho, geralmente promovida por bares, restaurantes e hotéis, mas que pode ser oferecida pela própria organização em seu ambiente físico.

O cardápio é semelhante ao de um coquetel reforçado, em que podem surgir brincadeiras e pequenos jogos entre os participantes.

BRUNCH

É oferecido em substituição ao café da manhã e o almoço, no fim da manhã. Para os americanos, que criaram essa modalidade de evento, é um *breakfast* e *lunch*. É composto de café, leite, chá, chocolate, sucos diversos, vinho branco e até champanhe, frios, frutas, omeletes, panquecas, tortas doces e salgadas, *petit fours*, canapés e carnes brancas.

Tudo isso deve ser apresentado em mesa decorada com flores, pratos e talheres. Há hotéis que oferecem esse serviço.

É um tipo de encontro muito indicado para reuniões empresariais no período da manhã.

COFFEE-BREAK

É oferecido no intervalo de eventos, em mesa devidamente decorada e estrategicamente colocada, em que os convidados podem se servir de uma variedade de salgados, doces, sucos, chás, café, água etc.

ALMOÇO NETWORK

Consiste em um almoço-reunião, no qual se discute a pauta durante o aperitivo e utiliza-se o restante do tempo para fechamento do assunto, saboreando-se o prato principal e a sobremesa.

CAFÉ DA MANHÃ

É um encontro profissional em que, entre a exposição dos assuntos de interesse dos convidados, é servido o café, geralmente composto por frutas, sucos, sucrilhos com leite, omeletes, pães, manteiga, geléias, café, leite, chá, chocolate, bolos, torradas, tortas etc. É servido de maneira tal que não atrapalhe a dinâmica dos trabalhos.

A ORGANIZAÇÃO DESSES ENCONTROS DE CONVIVÊNCIA

Para a organização desses encontros de convivência é preciso que várias providências sejam tomadas. Inicialmente, o convite deve ser feito de forma impressa, por contato pessoal ou até mesmo por telefone, dependendo da formalidade do evento. Os convites impressos devem ter o estilo clássico, com o logotipo da organização, e ser enviados com oito dias de antecedência (os menos formais) e dez dias de antecedência (os mais formais), com as iniciais R.S.V.P. (*répondez s'il vaus plait*). A confirmação deve ser feita até quarenta e oito horas antes do evento.

As mesas devem ser cobertas com toalhas de cor branca, preferencialmente. É indispensável o conhecimento prévio do número de pessoas esperadas, e a hierarquia destas para a definição da posição das mesas.

Os lugares devem ser devidamente marcados em todas as mesas ou, dependendo da formalidade do evento, só as cabeceiras, deixando-se as demais posições à vontade. A elaboração de um plano de mesa, colocado em local estratégico, facilitará ao convidado localizar a sua mesa, podendo contar, ainda, com o auxílio de uma recepcionista.

Os cartões indicativos dos lugares devem ser pequenos, com o logotipo da organização, e colocados sobre o prato, à sua direita ou à sua frente.

A decoração deve ser escolhida de acordo com o evento. A mais clássica é somente para jantar. As flores, quando sobre a mesa, devem estar em forma de arranjos baixos para não atrapalhar a visibilidade entre os convidados.

A música, de fundo ou ao vivo, torna o ambiente agradável. O tipo será determinado de acordo com o evento e cultura dos convidados.

Os discursos e brindes são feitos após a sobremesa. Quem oferece brinde se levanta e quem é homenageado recebe a homenagem sentado, erguendo a taça à frente, à direita e à esquerda. Ao retribuir, ele se levantará, como fez o homenageante, que, nesse momento, procederá como fez o homenageado.

Para o brinde a delegações o procedimento é o mesmo, sendo que todos os convidados se levantam, respectivamente.

A maioria desses encontros hoje é feita em forma de adesão, o que significa que cada um efetua o pagamento de sua parte. Muitas vezes, a adesão é estipulada antes, com a venda de convites. Neste caso, no valor da adesão, deve estar incluso um *over-price* devido a despesas com gorjetas, impressão de convites, compra de mimos, convites especiais que não serão cobrados etc.

CAPÍTULO 2

PLANEJAMENTO DE EVENTOS

A organização de eventos é trabalhosa e exige grande responsabilidade. Acontece "ao vivo", e qualquer falha comprometerá o conceito/imagem da organização para a qual é realizado e do seu organizador.

Para ter os objetivos plenamente atingidos, é fundamental que se faça um criterioso planejamento, que envolve: objetivos, públicos, estratégias, recursos, implantação, fatores condicionantes, acompanhamento e controle, avaliação e orçamento.

OBJETIVOS

Devem ser considerados como gerais e específicos. É o que determina o que se pretende com o evento, de forma ampla e específica.

PÚBLICOS

É a quem se destina o evento, determinando se externo, interno ou misto, e quem dentro dessa classificação.

ESTRATÉGIAS

Consiste naquilo que serve de atração para o público de interesse do evento.

RECURSOS

São todos os fatores humanos, materiais e físicos que serão utilizados no evento.

IMPLANTAÇÃO

É a descrição dos procedimentos, desde a aprovação do projeto até o seu término.

FATORES CONDICIONANTES

São fatos, decisões e acontecimentos aos quais o projeto fica condicionado para a sua realização.

ACOMPANHAMENTO E CONTROLE

É a determinação de quem fará a coordenação de todo o processo da organização do evento e de como ela será feita.

AVALIAÇÃO

É feita após o término do evento em forma de relatório para ser entregue a quem solicitou a organização. É uma espécie de prestação de contas.

ORÇAMENTO PREVISTO

Deve ser feito detalhadamente. É dele que virão os recursos financeiros necessários para o pagamento dos recursos humanos e materiais. Caso se busque patrocínio, apoio ou permuta, deverá ser dividido em cotas para serem negociadas com os interessados. O modelo a seguir exemplifica esse planejamento.

Projeto

EVENTO: Lançamento de pedra fundamental
DATA: 00/00/0000
HORA: 10h30
LOCAL: terreno da construção

---

1 – OBJETIVOS

    1.1 – GERAL
    Divulgar a empresa por meio do marco inicial da construção de sua sede.

    1.2 – ESPECÍFICOS
    Apresentar a maquete e a planta do prédio a ser construído.
    Divulgar a área de atuação da empresa na região.

2 – PÚBLICOS

    Externo: imprensa e autoridades.
    Misto: distribuidores e revendedores.
    Interno: diretores e gerentes das filiais e matriz.

3 – ESTRATÉGIAS

    Divulgação do evento.
    Apresentação de maquete e planta da obra.
    Oferecimento de almoço.
    Oferecimento de brindes.
    Oferecimento de *folders*.
    Registro do evento.
    Registro de presenças.

4 – RECURSOS
- 4.1 – HUMANOS
  - 1 mestre-de-cerimônias;
  - 1 pedreiro;
  - 3 garçons;
  - 2 recepcionistas;
  - 1 engenheiro;
  - 1 profissional de som e vídeo;
  - 1 fotógrafo;
  - 3 seguranças;
  - 3 manobristas.

- 4.2 – MATERIAIS
  - construção da pedra;
  - livro de presença;
  - decoração do ambiente;
  - 1 caixa para documentos;
  - documentos e objetos necessários para colocação na caixa;
  - 1 placa;
  - 1 toldo;
  - cascalho;
  - 200 *folders*;
  - 1 maquete;
  - planta da construção;
  - 200 brindes: *press-releases*;
  - ofícios;
  - 200 convites;
  - 5 filmes;
  - 3 fitas;
  - 50 copos de água;
  - 100 refrigerantes e sucos.

- 4.3 – FÍSICOS
  - estacionamento;
  - hotel;
  - restaurante;
  - local do evento.

5 – IMPLANTAÇÃO

Após a aprovação do projeto, será feita a sua divulgação por meio da mídia local (apenas para informação sobre o evento) e no site da organização, bem como o envio de convites ao público de interesse. Serão tomadas todas as providências com relação aos recursos humanos, físicos e materiais. Toda a fase de pré-evento será feita por meio de cronograma de trabalho.

O transevento seguirá o seguinte roteiro:

10h chegada dos convidados;
10h15 o mestre-de-cerimônias apresenta as autoridades que farão parte da solenidade;
10h30 seqüência dos discursos;
11h colocação dos documentos e objetos na urna, que será introduzida na pedra pelo homenageado ou maior autoridade designada para tal;
11h20 encerramento da pedra por autoridade designada e leitura da placa;
11h40 encerramento do evento pelo anfitrião ou maior autoridade presente;
12h o mestre-de-cerimônias convida para o almoço em local previamente reservado;
12h10 o pedreiro termina o fechamento da pedra enquanto os convidados se dirigem ao local da recepção;
12h30 chegada ao local da recepção, encaminhamento dos convidados pelas recepcionistas, apresentação da maquete e das plantas, distribuição de brindes e *folders*.

6 – FATORES CONDICIONANTES

Aprovação do projeto.
Interesse do público.
Condições climáticas favoráveis.

7 – ACOMPANHAMENTO E CONTROLE

Serão feitos pela equipe organizadora, com base na observação e no cronograma de trabalho.

8 – AVALIAÇÃO

Será feita pela equipe organizadora, com base em dados do acompanhamento – controle e repercussão na mídia –, com elaboração de relatório para a diretoria ou o cliente.

9 – ORÇAMENTO PREVISTO

9.1 – RECURSOS HUMANOS

Quantidade	Discriminação	Valor/Hora	Valor total
1	MESTRE-DE-CERIMÔNIAS	NONONO	NONONONO
1	PEDREIRO	NONO	NONONONO
3	GARÇONS	NONO	NONONO
2	RECEPCIONISTAS	NONO	NONONO
	OUTROS...		

9.2 – RECURSOS MATERIAIS

Quantidade	Espécie	Valor unitário	Valor total
1	CONSTRUÇÃO DA PEDRA	NONONO	NONONONO
1	LIVRO DE PRESENÇA	NONO	NONONONO
1	URNA PARA DOCUMENTOS	NONO	NONONO
200	BRINDES	NONO	NONONO
	CONTINUAR...		

9.3 – RECURSOS FÍSICOS

Quantidade	Espécie	Valor
1	LOCAL DO EVENTO	NONONO
1	ESTACIONAMENTO	CORTESIA
	OUTROS...	
	TOTAL GERAL	NONONO

OBSERVAÇÕES

a) Todo evento, ao ser planejado, passa por essas fases mencionadas. A complexidade dependerá do tipo de evento a ser organizado, cuja descrição está no primeiro capítulo.

b) A complexidade do evento também está ligada ao seu tempo de duração, pois é preciso atender o público durante todo o programa previsto, que pode incluir até mesmo programação social e de lazer, na maioria das vezes, noturna.

c) Dependendo do tipo de evento, há possibilidade de se gerar receita para a sua execução. As principais fontes são: taxa de inscrição, expositores e anunciantes, doações, auxílios governamentais, eventos paralelos etc.

d) Num evento em que haja parcerias, é de fundamental importância demonstrar no projeto a relação custo–benefício para os patrocinadores.

e) No orçamento do evento é necessário mencionar o valor da incidência dos impostos.

▪ OPERACIONALIZAÇÃO DO PLANEJAMENTO

Elaborado o planejamento (projeto), que é o documento que receberá a aprovação da diretoria da organização ou do cliente para o qual se prestam os serviços, passa-se para a operacionalização desse projeto, que é feita por meio do cronograma de trabalho.

Tendo sempre como parâmetro o projeto, faz-se, então, a distribuição das atividades entre os membros da equipe organizadora, dentro do cronograma que envolve preparação (pré), execução (trans) e avaliação (pós). É, portanto, o antes, o durante e o depois do evento.

Giácomo (1993, p. 69) afirma que "deve ser dada ênfase especial ao fator antecedência, onde o cronograma tem importância fundamental como ferramenta de avaliação de viabilidade de todas as tarefas e providências para a concretização do evento".

Os grandes eventos, como congressos, possuem as comissões organizadoras, que se dividem em subcomissões. Nesse caso, cada subcomissão faz o seu cronograma de trabalho, que tem um organizador geral com o cronograma geral do evento, no qual constam todas essas subcomissões, como os modelos a seguir:

Cronograma geral para grandes eventos

Evento	Congresso de Comunicação
Data	02 a 07/03/0000
Local	Universidade Brasil
Responsável	Sr. Moisés da Silva

	Pré-evento					Transevento			Pós-evento	
	Até o dia	Responsável	Situação	Até o dia	Responsável	Situação	Dia.......	Responsável	Até o dia....	Responsável
C	Atividades	C. Transporte	Ok!	Atividades	Comissão....	Ok!	Atividades	Comissão....	Clipagem	Toda a equipe organizadora
H	Atividades	C. Financeira	Ok!	Atividades	Comissão....	Ok!	Atividades	Comissão....	Corresp/de	
E	Atividades	C. Segurança	Pendente	Atividades	Comissão....	Ok!	Atividades	Comissão....	Agradecimentos	
C	Atividades	C. Social	Pendente	Atividades	Comissão....	Ok!	Atividades	Comissão....	Anais/relatório	
K	Atividades	C. Imprensa	Ok!	Atividades	Comissão....	Ok!	Atividades	Comissão....		
L	Atividades	C. Recepção	Ok!	Atividades	Comissão....	Ok!	Atividades	Comissão....		
I	Atividades	C. Cerimonial	Ok!	Atividades	Comissão....	Ok!	Atividades	Comissão....		
S	Atividades	C. Temática	Ok!	Atividades	Comissão....	Ok!	Atividades	Comissão....		
T	Atividades	C. Hospedagem	Pendente	Atividades	Comissão....	Ok!	Atividades	Comissão....		

Cronograma de subcomissões para grandes eventos

Evento	Congresso de Comunicação
Data	02 a 07/03/0000
Local	Universidade Brasil
Subcomissão responsável	Hospedagem – Sr. Lucas da Silva

	Pré-evento				Transevento			Pós-evento	
Até o dia	Responsável	Situação	Até o dia	Responsável	Situação	Dia.......	Atividades	Até o dia.....	Responsável
Atividades	Carla	Pendente	Atividades	Paula	Ok!	Atividades	Paula	Clipagem	Toda a equipe
Atividades	Paula	Pendente	Atividades	Carla	Ok!	Atividades	Paula	Relatório parcial	organizadora
Atividades	Carla	Pendente	Atividades	Paula	Ok!	Atividades	Ana	Corresp/de	
Atividades	Carla	Ok!	Atividades	Carla	Ok!	Atividades	Ana	Agradecimentos	
Atividades	Carla	Pendente	Atividades	Ana	Ok!	Atividades	Ana		
Atividades	Carla	Ok!	Atividades	Ana	Ok!	Atividades	Paula		
Atividades	Paula	Pendente	Atividades	Carla	Ok!	Atividades	Ana		
Atividades	Paula	Ok!	Atividades	Ana	Ok!	Atividades	Carla		
Atividades	Ana	Pendente	Atividades	Paula	Ok!	Atividades	Carla		

Cronograma geral para eventos de pequeno e médio porte

Evento	Lançamento de pedra fundamental				
Responsável	Ana L. Marcondes				
Equipe	Lúcia, Marcos e Paula				
Pré-evento					
Até o dia 30/01/00	Responsável	Situação	Até o dia 15/2/00	Responsável	Situação
• Reserva do local	Lúcia	Ok!	• Divulgação interna	Paula	Ok!
• Confecção da caixa de alvenaria e urna	Marcos	Pendente	• Definição do mestre-de-cerimônias	Paula	Ok!
• Contratação dos serviços gráficos (convites, *folders* etc.)	Lúcia	Ok!	• Comunicação oficial para a diretoria	Paula	Ok!
• Contratação dos serviços de *buffet*	Lúcia	Ok!	• Seleção dos documentos para a caixa	Marcos	Pendente
• Contratação dos serviços de foto/filmagem	Marcos	Ok!	• Definição de recepcionistas	Lúcia	Ok!
• Contratação dos serviços de som e vídeo	Lúcia	Ok!	• Contratação de seguranças	Marcos	Ok!
• Contratação de pianista	Paula	Ok!	• Estacionamento	Marcos	Ok!
• Contratação dos serviço de floricultura	Paula	Ok!	• Bandeiras	Marcos	Ok!
• Contratação de recepcionistas	Paula	Ok!	• Aluguel de piano	Lúcia	Ok!
• Listagem dos convidados	Lúcia	Ok!	• Caixa e urna	Marcos	Ok!
• Verificar maquete e/ou planta	Marcos	Pendente	• Definição do homenageado	Lúcia	Ok!
• Bandeiras	Marcos	Pendente			

Continuação do quadro anterior

DATA DA APROVAÇÃO	15/01/00		
DATA E HORÁRIO DA REALIZAÇÃO	10/3/00 – 18 HORAS		
LOCAL	ESPAÇO CULTURAL DO CENTRO EMPRESARIAL		

			TRANSEVENTO	PÓS-EVENTO	
ATÉ O DIA 09/3/00	RESPONSÁVEL	SITUAÇÃO	DIA 10/3/00	ATÉ O DIA 15/3/00	RESPONSÁVEL
• ENCAMINHAMENTO DE *PRESSRELEASE*	PAULA	OK!	• CHECAGEM DO SOM	• AVALIAÇÃO FINAL	TODA A EQUIPE ORGANIZADORA
• LIVRO DE PRESENÇA	PAULA	OK!	• ACOMPANHAMENTO DO TRABALHO DA FLORICULTURA	• EXPEDIÇÃO DE CARTA/ OFÍCIO DE AGRADECIMENTO	
• TRANSPORTE DA MAQUETE DO PRÉDIO PARA O LOCAL DO EVENTO	MARCOS	OK!	• COLOCAÇÃO DA CAIXA E URNA NO LOCAL	• CLIPAGEM	
• SELEÇÃO DO VÍDEO INSTITUCIONAL	PAULA	OK!	• DISPOSIÇÃO DOS CONVIDADOS NO AMBIENTE	• RELATÓRIO FINAL	
• INSTALAÇÃO DOS EQUIPAMENTOS DE SOM E VÍDEO	MARCOS	OK!	• CONTATAÇÃO DE *BUFFET*, PIANISTA, MESTRE-DE-CERIMÔNIAS, RECEPCIONISTAS ETC.		
• CONFIRMAÇÃO DOS CONVIDADOS	LÚCIA	PENDENTE			
• KIT PARA IMPRENSA	PAULA	OK!	• LIVRO DE PRESENÇA		
• VERIFICAÇÃO DE DISCURSOS	PAULA	OK!	• DISTRIBUIÇÃO DE *FOLDERS*		
• CHECAGEM DO PIANO	MARCOS	OK!	• 18H RECEPÇÃO		
• REMESSA DE CONVITES	PAULA	OK!			

CHECKLIST

Com base nos dados encontrados em recursos e implantação do projeto é que se colocam na tabela de *checklist* as tarefas que necessitam ser cumpridas até as datas mencionadas.

A fase de pré-evento deve ser estabelecida com a devida antecedência. Há eventos que requerem até mais de um ano para a sua organização.

CONTROLE ECONÔMICO

Paralelo ao cronograma de operacionalização do planejamento do evento deve ser feito o controle econômico, em que constarão despesas e receitas. Dependendo do seu porte, requer pessoa especializada para a sua elaboração.

PROPOSTA DE PROJETOS PARA EVENTOS

Os modelos que a seguir apresentamos fornecem subsídios para a elaboração de projetos reais, quando, evidentemente, a peculiaridade do evento ditará a sua amplitude.

Nos casos de apresentação de projetos para a concorrência, não é aconselhável fornecer todos os detalhes antes da assinatura do contrato. Apresenta-se apenas uma noção geral, por meio de um anteprojeto, lembrando que, na maioria das vezes, o elemento decisivo é o orçamento previsto.

EVENTO: Programa de visitas
DATA: de 20 a 30 de janeiro/00
HORA: 14h às 17h15
LOCAL: empresa matriz

---

1 – OBJETIVOS:

    1.1 – GERAL

        Fortalecer o conceito da organização com o público interno.

1.2 – ESPECÍFICOS

Integrar a família do funcionário à organização; proporcionar uma aproximação entre os familiares dos funcionários.

2 – PÚBLICO DE INTERESSE

Interno: filhos de funcionários (de 6 a 12 anos).

3 – ESTRATÉGIAS

Divulgação do evento.
Apresentação de audiovisual institucional da organização.
Oferecimento de transporte.
Apresentação de peça teatral.
Oferecimento de lanche.
Distribuição de brindes e *folders*.
Registro do evento em foto/filmagem.

4 – RECURSOS

4.1 – HUMANOS
2 recepcionistas;
3 guias;
1 motorista;
1 grupo de teatro;
2 copeiras;
1 profissional de vídeo/áudio/fotografia;
1 marceneiro.

4.2 – MATERIAIS
material para divulgação;
material para construção do palco;
equipamentos de audiovisual;
35 lanches;
35 *folders*;
35 brindes;
5 filmes para fotografias;
2 fitas para vídeo;

35 crachás;
35 roteiros;
200 formulários de inscrição.

4.3 – FÍSICOS
auditório;
refeitório.

5 – IMPLANTAÇÃO

Após a aprovação do projeto, será feito um levantamento dos nomes dos filhos dos funcionários com idade entre 6 e 12 anos, para divulgar o evento a eles por intermédio de seus pais, bem como pelo site. As crianças serão recebidas duas vezes por semana, em grupos de trinta, devendo confirmar presença por meio de formulário ou pelo site. Todos os interessados serão atendidos. Em seguida, serão tomadas todas as providências com relação aos recursos humanos, materiais e físicos.

O evento obedecerá ao roteiro a seguir:

13h	o ônibus recolherá as crianças em pontos previamente determinados;
14h	chegada à organização;
14h10	entrega de crachás e roteiro da visita;
14h30	encaminhamento para o auditório em que assistirão ao audiovisual institucional da organização;
15h	visita aos setores da organização, divididos em grupos;
16h	oferecimento de lanches;
16h30	apresentação de peça teatral com tema ligado ao ramo de atividade da organização;
17h	encerramento da visita com distribuição de brindes e agradecimentos;
17h15	os visitantes serão encaminhados ao ônibus que os deixará em pontos estratégicos próximos às suas residências.

6 – FATORES CONDICIONANTES
Aprovação do projeto.
Interesse do público.
Condições climáticas favoráveis.

7 – ACOMPANHAMENTO E CONTROLE

Serão feitos pelos organizadores, com a colaboração dos guias, por meio de observação, anotações e cronograma de trabalho.

8 – AVALIAÇÃO

Será feita pelos organizadores, com base em dados obtidos no acompanhamento e controle, com elaboração de relatório para a diretoria da organização.

9 – ORÇAMENTO

9.1 – RECURSOS HUMANOS

Quantidade	Discriminação	Valor/Hora	Valor total
	Preencher conforme RH mencionados		

9.2 – RECURSOS MATERIAIS

Quantidade	Espécie	Valor unitário	Valor total
	Preencher conforme RM mencionados		

9.3 – RECURSOS FÍSICOS

Quantidade	Espécie	Valor
	Preencher conforme RF mencionados	

EVENTO: Concurso
REDAÇÃO: *Campinas, berço cultural do país*
DATA: 10 a 30 de janeiro/00
LOCAL: empresa

1 – OBJETIVOS

    1.1 – GERAL
    Divulgar a organização.

    1.2 – ESPECÍFICOS
    Despertar o interesse do público pela cultura.
    Mostrar a preocupação da organização com a cultura brasileira.

2 – PÚBLICO DE INTERESSE
Externo: crianças de 8 a 12 anos.

3 – ESTRATÉGIAS
Divulgação do evento.
Entrega de prêmios aos três primeiros colocados.
Divulgação dos premiados no jornal interno da organização e na imprensa local e nacional.
Festa da entrega dos prêmios.
Registro do evento em foto/filmagem.

4 – RECURSOS

    4.1 – HUMANOS
    1 recepcionista;
    5 pessoas para a banca examinadora;
    20 garçons (contratação de *buffet*);
    1 profissional de fotografia;
    1 profissional de áudio e som;
    1 decorador;
    1 mestre-de-cerimônias.

4.2 – MATERIAIS
material de divulgação;
1 equipamento completo de audiovisual;
1 equipamento completo de filmagem e som;
5 filmes para fotografias;
3 fitas para vídeo;
decoração do local da recepção;
contratação do *buffet*;
5 *kits* de imprensa.

4.3 – FÍSICOS
local para recepção;
estacionamento.

5 – IMPLANTAÇÃO
Após a aprovação do projeto, será feita a divulgação do evento por meio da mídia local e do site da organização. Estarão excluídos do concurso de redação intitulado *Campinas, berço cultural do país* todos os funcionários da organização e seus familiares. Serão tomadas todas as providências com relação aos recursos humanos, materiais e físicos. O referido concurso seguirá o regulamento abaixo, que estará disponível no site.

Colocar aqui o regulamento, levando em consideração as peculiaridades do concurso após submetê-lo à apreciação do departamento jurídico da organização, principalmente se os prêmios forem de valores significativos.

6 – FATORES CONDICIONANTES
aprovação do projeto;
interesse do público.

7 – ACOMPANHAMENTO E CONTROLE
Serão feitos pelos organizadores por meio de cronograma de trabalho e observações, com anotações durante todas as fases do evento.

8 – AVALIAÇÃO
Os organizadores do evento, com base nos dados de acompanhamento e controle, farão relatório para apresentar à diretoria da organização.

9 – ORÇAMENTO PREVISTO

9.1 – RECURSOS HUMANOS

Quantidade	Discriminação	Valor/Hora	Valor total
	Relacionar conforme RH mencionados	nono	nonono

9.2 – RECURSOS MATERIAIS

Quantidade	Espécie	Valor unitário	Valor total
	Preencher conforme RM mencionados	nono	nonono

9.3 – RECURSOS FÍSICOS

Quantidade	Espécie	Valor
	Preencher conforme RF mencionados	nonono

EVENTO: Inauguração de Retrato
DATA: 00/00/0000
HORA: 19h
LOCAL: *hall* **da empresa**

---

1 – OBJETIVOS

   1.1 – GERAL

      Homenagear o fundador da organização no seu jubileu de prata.

1.2 – ESPECÍFICOS
Divulgar para o público de interesse quem foi o fundador da organização.
Propiciar um momento de integração entre os convidados.
Complementar as festividades do 25º aniversário da organização.

2 – PÚBLICO DE INTERESSE
Interno: funcionários.
Misto: distribuidores, revendedores e acionistas.
Externo: imprensa e autoridades.

3 – ESTRATÉGIAS
Divulgação do evento.
Presença de autoridades.
Oferecimento de coquetel.
Distribuição de *folders*.
Registro do evento em foto/filmagem.

4 – RECURSOS

4.1 – HUMANOS
3 recepcionistas;
1 profissional de fotografia/vídeo;
1 profissional de áudio/som;
1 mestre-de-cerimônias;
10 garçons (contratação de *buffet*);
1 decorador.

4.2 – MATERIAIS
material de divulgação;
confecção do retrato;
1 equipamento completo de audiovisual;
1 equipamento completo de filmagem/fotografia;
500 *folders*;
contratação de *buffet*;
decoração;

5 *kits* de imprensa;
1 livro de presença.

4.3 – FÍSICOS
local para o retrato;
estacionamento.

5 – IMPLANTAÇÃO

Após a aprovação do projeto, será feita a divulgação do evento na mídia e no site da organização. Aos convidados serão expedidos convites especiais. Serão tomadas todas as providências com relação aos recursos humanos, físicos e materiais e o evento obedecerá ao roteiro a seguir:

19h	chegada dos convidados com encaminhamento pelas recepcionistas;
19h30	apresentação das autoridades pelo mestre-de-cerimônias;
20h30	seqüência dos discursos;
20h45	descerramento do pano por autoridade designada;
22h	encerramento do ato solene e oferecimento de coquetel; encerramento do evento.

6 – FATORES CONDICIONANTES
aprovação do projeto;
interesse do público;
condições climáticas favoráveis.

7 – ACOMPANHAMENTO E CONTROLE

Serão feitos pela equipe organizadora, com base no cronograma de trabalho, observação, anotações e repercussão na mídia.

8 – AVALIAÇÃO

Será feita pela equipe organizadora, com base em dados obtidos durante o acompanhamento e o controle, com elaboração de relatório para a diretoria.

9 – ORÇAMENTO

9.1 – RECURSOS HUMANOS

Quantidade	Discriminação	Valor/Hora	Valor total
	Relacionar conforme RH mencionados	nono	nonono

9.2 – RECURSOS MATERIAIS

Quantidade	Espécie	Valor unitário	Valor total
	Relacionar conforme RM mencionados	nono	nonono

9.3 – RECURSOS FÍSICOS

Quantidade	Espécie	Valor
	Relacionar conforme RF mencionados	nonono

EVENTO: Lançamento de livro
Organização de eventos, **de Cleuza G. G. Cesca**
DATA: 00/00/0000
HORA: 19h
LOCAL: Clube Semanal de Cultura Artística

---

1 – OBJETIVOS

1.1 – GERAL
Divulgar o autor e sua obra.

1.2 – ESPECÍFICOS
Incentivar o interesse do público pelo gênero escrito.
Proporcionar um encontro entre o autor e seu público.

2 – PÚBLICO DE INTERESSE
Leitores em geral.

3 – ESTRATÉGIAS
Divulgação do evento.
Oferecimento de coquetel.
Distribuição de *folders*.
Sorteio de três exemplares.
Registro do evento em foto/filmagem.

4 – RECURSOS

    4.1 – HUMANOS
    1 recepcionista;
    1 vendedora;
    1 profissional de filmagem/fotografia;
    1 decorador;
    10 garçons (contratação de *buffet*);
    1 pianista.

    4.2 – MATERIAIS
    3 mesas;
    3 cadeiras;
    5 poltronas;
    1 piano;
    100 marcadores;
    100 livros;
    3 toalhas médias;
    3 aparadores;
    3 toalhas pequenas;
    3 arranjos grandes de flores;
    3 arranjos pequenos de flores;
    1 livro para registro de presença;
    3 canetas;
    contratação de *buffet*.

    4.3 – FÍSICOS
    local para o evento;
    estacionamento.

5 – IMPLANTAÇÃO

Após a aprovação do projeto, será feita a reserva do local para o evento, a divulgação pela mídia local e serão remetidos os convites ao público determinado pelo autor e pela editora, nas formas eletrônica e impressa. Em seguida, serão tomadas todas as providências com relação aos recursos humanos, materiais e físicos. O evento terá o roteiro a seguir:

19h	início da chegada dos convidados;
19h15	início do fundo musical que permanecerá durante todo o evento;
19h30	início do coquetel;
21h	sorteio de três exemplares do livro, pelo autor.
22h	encerramento da noite de autógrafos.

6 – FATORES CONDICIONANTES
aprovação do projeto;
interesse do público.

7 – ACOMPANHAMENTO E CONTROLE
Serão feitos pelos organizadores, com base em cronograma de trabalho, observações e anotações.

8 – AVALIAÇÃO
Será feita pelos organizadores, com base nos dados de acompanhamento e controle, e repercussão na mídia, com elaboração de relatório para o cliente.

9 – ORÇAMENTO

9.1 – RECURSOS HUMANOS

QUANTIDADE	DISCRIMINAÇÃO	VALOR/HORA	VALOR TOTAL
	RELACIONAR CONFORME RH MENCIONADOS	NONO	NONONO

9.2 – RECURSOS MATERIAIS

QUANTIDADE	ESPÉCIE	VALOR UNITÁRIO	VALOR TOTAL
	RELACIONAR CONFORME RM MENCIONADOS	NONO	NONONO

9.3 – RECURSOS FÍSICOS

Quantidade	Espécie	Valor
1	Local do evento	nonono
2	Estacionamento	Sem custo
	Total geral	nonono

ROTEIRO BÁSICO PARA MESTRE-DE-CERIMÔNIAS

EVENTO:
LOCAL:
DATA:
MESTRE-DE-CERIMÔNIA:

MC – Senhoras e senhores, boa noite!
MC – Texto introdutório alusivo ao evento.
MC – Composição da mesa diretiva ou de honra (a chamada é do mais importante para o menos, usando as formas de tratamento correspondentes).
MC – Convite para ouvirem/cantarem o hino nacional brasileiro e outros hinos.
MC – Passar a palavra ao coordenador da mesa ou maior autoridade presente, para fazer uma breve acolhida aos presentes e dar por aberto o evento.
MC – Registrar a presença de outras autoridades.
MC – Convidar para o pronunciamento a menor autoridade (nem todos que estão fazendo parte da mesa falarão), e assim, sucessivamente.
MC – Por último chamar a maior autoridade para o seu discurso.

Término da fase de pronunciamentos/discursos; dependendo do tipo de evento, nesse momento a mesa é desfeita.

MC – Dar prosseguimento de acordo com a necessidade do tipo de evento.
MC – Convidar a maior autoridade para encerrar o evento.
MC – Agradecer aos patrocínios, apoios, permutas, funcionários etc.; convidar para o coquetel/almoço/jantar etc.

DISCURSOS

Quem for discursar deve se reportar a todos os membros da mesa, utilizando a forma adequada de tratamento para cada um. Os discursos devem ser lidos, o que denota atenção e consideração com os convidados.

Introdução

Exemplo 1:

Excelentíssimo senhor José Camargo, prefeito municipal de São Paulo; Excelentíssimo senhor Paulo Soares, presidente da Câmara Municipal de São Paulo; Excelentíssimo senhor Carlos Oliveira, secretário de Cultura da cidade de São Paulo; Senhor Sérgio Soares, diretor de Cultura da cidade de São Paulo, demais autoridades presentes, senhoras e senhores, boa noite!

Exemplo 2:

Excelentíssimo senhor, professor doutor padre Marcos Soares, Magnífico reitor da Pontifícia Universidade de São Paulo; Excelentíssimo senhor, professor Carlos Dias, Magnífico vice-reitor da Pontifícia Universidade Católica de São Paulo; Excelentíssimo senhor, professor José Dias, pró-reitor administrativo; Excelentíssimo senhor, professor doutor Antônio Camargo, pró-reitor de Pesquisa; Excelentíssimo senhor, professor doutor André Alves, pró-reitor de Extensão e Excelentíssimo senhor, Luís Marcondes, pró-reitor de Graduação, demais autoridades presentes, senhoras e senhores, boa noite!

Finalização

Para que a platéia entenda que o discurso está encerrado, utilize: Obrigado ou Tenho dito.

CALENDÁRIO DE EVENTOS

CALENDÁRIO DE EVENTOS PARA A ORGANIZAÇÃO

É importante que, no caso das organizações, haja um calendário anual de eventos para facilitar o planejamento, bem como a aquisição de verbas.

O modelo a seguir contribui para que o setor competente elabore seu calendário, adequando-o às suas necessidades e especificidades.

Evento	Obj./Estr./Iimpl.[1]	Período
Aniversário da organização	Ver projeto	12 a 16/01
III SIPAT	Ver projeto	8 a 17/02
Lançamento do boletim	Ver projeto	3 a 12/03
Festa da páscoa	Ver projeto	10 a 15/04
Festa junina	Ver projeto	24 e 28/06
Programa de visitas	Ver projeto	2 a 30/08
Palestras	Ver projeto	2 a 30/09
Concurso com filhos dos funcionários	Ver projeto	2 a 30/09
Festa da semana da criança	Ver projeto	12/10
Concurso de cartão de natal	Ver projeto	3 a 30/11
Confraternização (premiação, homenagens)	Ver projeto	23/12

[1] Objetivos, estratégias, implantação.

CALENDÁRIO BRASILEIRO DE DATAS COMEMORATIVAS

O calendário brasileiro de datas comemorativas pode sugerir novos eventos para a organização.

JANEIRO

1 - Santa Maria, Fraternidade universal, Dia mundial da paz
2 - São Izidoro, Criação do Arquivo Nacional
3 - Santa Genoveva
4 - Santa Dafrosa, Dia da abreugrafia
5 - São Telésforo, Nossa Sra. do Bonfim, Criação da 1ª tipografia no Brasil
6 - Dia de Reis, Dia da gratidão, Dia do mensageiro
7 - São Canuto, Dia da liberdade de cultos
8 - São Eraldo, Epifania do Senhor Jesus, Dia da fotografia
9 - São Juliano, Batismo do Senhor, Dia do astronauta, Dia do Fico
10 - São Urseolo
11 - São Higino
12 - Santa Tarciana
13 - Fundação do Museu Nacional de Belas Artes
14 - São Hilário, Dia do enfermo
15 - Santo Amaro, Dia do adulto
16 - Santa Priscila
17 - Santo Antão, Dia dos Tribunais de Contas do Brasil
18 - Santa Prisca
19 - São Mário
20 - São Sebastião, Dia do farmacêutico, Dia de Oxalá
21 - Santa Inês, Dia mundial da religião
22 - São Vicente Palotti, Fundação de São Vicente
23 - Santo Ildefonso
24 - São Timóteo, Dia do aposentado, Dia da previdência social
25 - Conversão de São Paulo, Dia do carteiro, Fundação da cidade de São Paulo, Criação do correio e do telégrafo no Brasil
26 - São Policarpo
27 - São Crisóstomo, Dia dos oradores
28 - São P. Nolasca, Dia dos portuários,
29 - Nossa Sra. da Purificação, São Francisco de Sales
30 - Santa Jacinta, Dia da saudade
31 - São João Bosco, Dia mundial dos mágicos, Lançamento do 1º satélite dos EUA (1958)

FEVEREIRO

1 - São Inácio, bispo
2 - Purificação de Nossa Sra., Apresentação do Senhor, Dia do agente fiscal
3 - São Brás, bispo
4 - São João, bispo, Criação do Ministério do Trabalho
5 - Santa Águeda, Dia do datiloscopista
6 - Santa Dorotéia
7 - São Romualdo, Dia do gráfico
8 - São João da Mata
9 - Santa Apolônia
10 - Santa Escolástica, Dia do atleta profissional
11 - São Lázaro, Dia do zelador
12 - Santa Eulália
13 - Santa Maura, Criação do IBGE
14 - São Valentin
15 - Dia mundial da criança com cancro
16 - Dia do repórter
17 - São Silvano
18 - São Simeão, bispo
19 - São Martiniano, Dia do esportista
20 - São Eleutério
21 - Santa Adelaide, Vitória da FEB em Monte Castelo
22 - São Papias B., Cátedra de São Pedro
23 - São Pedro Dam., Dia nacional do Rotary
24 - São Matias
25 - São Tarásio, 1ª Constituição republicana brasileira (1891)
26 - São Torquato
27 - São Leandro, Dia dos velhinhos, Dia nacional do livro didático, Dia do agente fiscal da receita federal
28- São Romão, abade

MARÇO

1 - São Hermes, Dia pan-americano do turismo
2 - São Lúcio, Dia nacional do turismo
3 - São Conegundes, Dia do meteorologista
4 - São Casimiro

5 - São Focas, mártir, Dia do filatelista brasileiro
6 - São Coleta
7 - São Tomás Aquino, Dia dos fuzileiros navais, Dia mundial da oração
8 - São João de Deus, Dia internacional da mulher
9 - Santa F. Romana
10 - São Melitão, Dia do sogro, Dia do conservador
11 - São Constantino, Dia do motociclista
12 - São Gregório I, Dia do bibliotecário
13 - São Rodrigo
14 - Santa Matilde, Dia do vendedor de livros, Dia nacional da poesia,
15 - Santa Lúcia, Dia mundial dos direitos do consumidor, Dia do circo, Dia da escola
16 - São Heriberto
17 - São Patrício, Dia marítimo mundial
18 - São Gabriel Arcanjo
19 - São José, Dia do consertador, Dia do marceneiro e carpinteiro, Dia do funcionário público municipal
20 - São Vitor, mártir
21 - São Bento, Dia internacional da eliminação da discriminação racial, Início do outono, Mundial da poesia, Dia florestal mundial, Dia mundial da infância
22 - São Emílio
23 - São Irineu, Dia mundial da meteorologia
24 - São Marcos, Nascimento do Padre Cícero
25 - Anunciação de Nossa Senhora
26 - S. J. Damasco, Dia do Cacau
27 - Dia do artista circense, Dia do circo, Dia int. do teatro
28 - São Alexandre, Dia do diagramador e revisor
29 - São Cirilo
30 - São João Clímaco
31 - Endoenças, Dia da integração nacional, Golpe militar de 1964

ABRIL

1 - Dia da mentira, Abolição da escravatura dos índios
2 - Dia internacional do livro infantil
4 - São Zózimo
5 - Santa Irene

6 - São Marcelino
7 - São Donato, Dia mundial da saúde, Dia do médico legista, Dia do corretor, Fundação da Associação Brasileira de Imprensa
8 - São Edésio, Dia da natação, Dia do desbravador, Dia do correio
9 - Santa Cacilda, Dia nacional do aço
10 - São M. dos Santos, Dia da engenharia militar
11 - São Leão I
12 - São Vítor, Dia do obstetra, Dia da carta-régia
13 - São Hermenegildo, Dia do office-boy, Dia dos jovens, Primeira execução do hino nacional (1831)
14 - São Tibúrcio, Dia pan-americano, Dia internacional do café
15 - Santo Anastácio, Ascensão do Senhor, Dia da conservação do solo, Dia do desenhista, Dia do departamento infantil
16 - São Eriberto
17 - São Patrício
18 - São Gabriel, Dia nacional do livro infantil, Dia de Monteiro Lobato, Dia mundial do rádio amador
19 - São José, Dia nacional do índio, Exército
20 - São Teodoro, Dia do diplomata
21 - Dia da latinidade, Dia do metalúrgico, Tiradentes, Aniversário de Brasília
22 - São Sotéro, Descobrimento do Brasil, Dia da comunidade luso-brasileira, Dia da Terra, Dia da FAB
23 - São Jorge, Dia do escoteiro
24 - São Fidelis, Dia internacional do jovem trabalhador
25 - São Hermínio, Dia do contabilista, Dia mundial das vocações, Invenção do telégrafo sem fio
26 - 1ª Missa do Brasil, São Cleto, Dia do engraxate, Dia da ONU, Dia do goleiro, Dia do juiz classista
27 - São Pedro Canis, Dia da empregada doméstica
28 - São Paulo da Cruz, Dia da sogra, Dia da educação
29 - São Hugo, Dia da juventude operária católica
30 - Santa Catarina de Sena, Dia do ferroviário, Dia nacional da mulher, Dia do OEA

MAIO

1 - Dia mundial do trabalho
2 - Santo Inácio, Dia nacional do ex-combatente
3 - Dia do parlamento, do sertanejo, Invenção da Santa Cruz
4 - Pentecostes, Santa Mônica
5 - Papa São Pio V, Dia nacional das comunicações, Dia de Rondon
6 - Santa Benedita, Dia do cartógrafo, da defesa do consumidor
7 - São Estanislau, Dia do silêncio, da saúde ocular, do oftalmologista
8 - São Dionísio, Dia da vitória aliada (2ª Guerra), Fim da 2ª Guerra, Dia do artista plástico, da Cruz Vermelha, do pintor
9 - São Gregório
10 - Santo Antônio, Santíssima Trindade, Dia do guia de turismo, do campo, da cavalaria
12 - Dia da enfermagem, Dia nacional da inauguração do telégrafo
13 - Nossa Sra. de Fátima, Abolição da escravatura, da estrada de rodagem, da fraternidade brasileira, do automóvel, Criação da Biblioteca Nacional
14 - São Bonifácio, Dia do seguro
15 - São Izidoro, Dia do assistente social, do combate à infecção hospitalar
16 - São Ubaldo, Dia dos trabalhadores em limpeza
17 - São Possidônio, Dia mundial das telecomunicações, Dia do trabalhador rural volante, Dia da Constituição
18 - São Venâncio, Dia internacional dos museus, do vidreiro
19 - São Ivo, Dia mundial dos meios de comunicação social
20 - São Bernardino de Sena, Dia do comissário de menores
21 - São Marcos, Dia da língua nacional
22 - Espírito Santo, Dia do apicultor
23 - São Basileu, Dia do soldado constitucionalista, Dia das comunicações sociais
24 - Nossa Sra. Auxiliadora, Dia da infantaria, do vestibulando, do datilógrafo, nacional do milho, do telegrafista, do detento
25 - São Gregório, Dia da indústria, do massagista, do trabalhador rural
26 - São Desidério
27 - São Felipe Neri, Dia do profissional liberal
28 - São Ranulfo, Dia do ceramista
29 - Santo Agostinho, Dia do estatístico, do geógrafo
30 - São Máximo, Dia do geólogo, das Bandeirantes, do decorador
31 - Santa Joana D'Arc, Dia do comissário de vôo, da aeromoça

JUNHO

1 - São Firmino
2 - Dia da comunidade italiana
3 - São Ovídio, Dia internacional do administrador de pessoal
4 - São Quirino, Dia internacional das crianças vítimas de agressão
5 - São Marciano, Dia mundial do meio ambiente e da ecologia
6 - São Norberto
7 - Santa Clotilde, Dia da liberdade de imprensa
8 - São Roberto Abade, Dia do citricultor
9 - Santa Calipsa, Dia do porteiro, internacional do tênis, de Anchieta
10 - Santa Pelácia, Dia da artilharia, da Língua Portuguesa, internacional da liberdade de imprensa, da raça
11 - São Barnabé, Dia da Marinha, do educador sanitário, da televisão
12 - São Onofre, Dia dos namorados, do enxadrista, do correio aéreo nacional, Dia da unidade nacional
13 - Santo Antônio, Dia do turista
14 - São Basílo M., São Rufino, Dia da liberdade de pensamento, Dia universal de Deus
15 - São Modesto, Dia do paleontólogo
16 - São Aureliano, Dia da unidade nacional
17 - São Manoel, Dia da imprensa do Estado de São Paulo, da veterinária
18 - São Marcos, Dia da imigração japonesa, do químico
19 - São Protássio, Dia do vigilante, do cinema brasileiro, do migrante, nacional do luto
20 - Santa Florentina, Dia do revendedor
21 - Santa Demétria, Dia do profissional de marketing, mundial dos ex-combatentes, Início do inverno, Brasil tricampeão do México
22 - São Paulino, Dia do aeroviário, do gráfico
23 - Santa Edeltrudes
24 - São João Batista, Dia do observador aéreo, mundial dos discos voadores, da FAB, internacional do leite, do caboclo
25 - São Guilherme, Dia do imigrante, do quilo
26 - São Virgílio, Dia internacional contra o uso e tráfico de drogas, Brasil adota o Sistema Métrico Decimal (1862)
27 - São Ladislau, Dia nacional do progresso
29 - São Pedro e São Paulo, Dia do Papa, Dia do escritor paulista, do pescador, da telefonista
30 - Santa Lúcia, Dia do caminhoneiro

JULHO

1 - São Teodorico, Dia da vacina BCG, do bancário
2 - Dia de São Pedro de Luxemburgo, do bombeiro, do voluntário social
3 - São Jacinto
4 - São Uldarico,
5 - Santa Filomena
6 - Santa M. Goretti
7 - Santa Pulquéria, Dia nacional da luta contra o racismo
8 - Santa Izabel, Dia do padeiro
9 - Santa Anatália, Dia do protético, Revolução Constitucionalista de São Paulo (1932), Dia do esporte amador
10 - Santa Amélia, Dia mundial da lei nacional dos trabalhadores em serviços telefônicos
11 - São Pio I
12 - São J. Gualberto
13 - São Eugênio, Dia do rock, dos compositores e cantores sertanejos, do engenheiro de saneamento
14 - São Boaventura, Dia do propagandista de laboratório, Dia mundial do hospital, Dia de liberdade de pensamento
15 - São Henrique, Dia dos clubes
16 - Nossa Sra. do Carmo, Dia do comerciante
17 - São S. Aleixo, Dia de proteção às florestas
18 - São Camilo de Lellis, Dia do trovador, dos veteranos da guerra
19 - São Vicente de Paulo, Dia nacional do futebol, da caridade, da junta comercial
20 - São Simão, Dia da amizade, internacional do amigo, do revendedor de petróleo e derivados, Chegada do homem à Lua
21 - Santa Praxedes, Aniversário da ABRP
22 - Santa Maria Madalena
23 - São Apolinário, Dia do patrulheiro rodoviário, Dia da declaração da maioridade de D. Pedro II
24 - Santa Cristina
25 - São Cristóvão, São Thiago apóstolo, Dia do colono, do motorista, do escritor
26 - Santa Ana, Dia da vovó, do detetive particular
27 - São Pantaleão, Dia do despachante, nacional da prevenção de acidentes do trabalho
28 - São Celso, Dia do agricultor
29 - Santa Marta
30 - Santa Julita
31 - São Inácio Loiola, nacional do *outdoor*

AGOSTO

1 - Santa Fé, mártir, Dia do cerealista, do selo postal brasileiro
2 - Nossa Sra. dos Anjos, Dia mundial do folclore
3 - São Aprênio, Dia do capoeirista, Dia do tintureiro
4 - São Domingos, Dia do padre
5 - Dia da farmácia, nacional da saúde, Bomba atômica explode em Hiroshima (1945)
6 - Transfiguração do Senhor
7 - São Caetano, Instituição da OAB
8 - Dia de São Esmeraldo
9 - São João Batista Maria Vianney
10 - São Lourenço
11 - São Tibúrcio, Dia do advogado, do direito, do estudante de direito, do estudante, do magistrado, do Pindura, dos cursos jurídicos, do garçom, do empregado hoteleiro, da consciência nacional
12 - Santa Clara, Dia do cortador de cana, nacional das artes
13 - São Hipólito, Dia do economista, internacional dos canhotos, do encarcerado
14 - São Eusébio, Dia do artista plástico, Dia da unidade humana
15 - Assunção de Nossa Senhora, Dia do solteiro, nacional das Santas Casas de Misericórdia
16 - São Roque
17 - Dia do patrimônio histórico
18 - São Agapita
19 - São João Eudes, Dia mundial da fotografia, nacional da aviação agrícola, do fotógrafo
20 - São Bernardo
21 - Santa Júlia, Dia da habitação
22 - Imaculado Coração de Maria, Dia do folclore, mundial do pensamento
23 - São Zaqueu, Dia do artista
24 - Dia de São Bartolomeu
25 - São Luís Reis, Dia do feirante, do soldado, do exército brasileiro
26 - Dia da Igualdade da Mulher, São Zeferino
27 - São J. Calasâncio, Dia do peão de boiadeiro, do corretor de imóveis, do psicólogo, Dia do catequista
28 - São Quintino, Dia nacional do voluntariado, da avicultura

29 - Santa Cândida, Dia nacional do combate ao fumo, Licenciado o 1º carro no Brasil (1903)
30 - Santa Rosa de Lima
31 - São Raimundo, Dia do nutricionista

SETEMBRO

1 - Santo Egídio
2 - São Estevão R., Dia do repórter fotográfico, Dia das organizações populares
3 - Papa São Pio X, Dia da guarda civil, do biólogo
4 - Santa Rosália, Dia do serventuário
5 - São Eudóxio, Dia da Amazônia, do oficial de justiça, do oficial de farmácia, Dia internacional da paz
6 - São Fausto, Dia do alfaiate, do barbeiro
7 - Dia da independência do Brasil e/ou da pátria
8 - São Esmeraldo, Natividade de Nossa Senhora
9 - São Rufiano, Dia do técnico administrativo, do administrador de empresas, do veterinário, da velocidade
10 - São Nicolau Tol., Dia da imprensa, do jornalismo, nacional da seresta
11 - São Porto
12 - Dia de penitência
13 - Dia de São Ligório
14 - Dia da Cruz, do frevo
15 - Nossa Sra. das Dores, Dia do musicoterapeuta, Entrada de FEB na 2ª Guerra
16 - Santa Eufêmia
17 - Santa Marcina, Dia do transportador rodoviário de carga, da compreensão mundial
18 - Santa Sofia, Dia dos símbolos nacionais
19 - São Januário, Dia do comprador, do teatro
20 - São Eustáquio, Dia do funcionário municipal
21 - São Mateus, Dia do idoso, da árvore, do fazendeiro, do radialista, do rádio
22 - São Lino, Dia da juventude, do contador, da banana, do soldador
23 - Nossa Sra. das Mercês, Início da primavera, Dia nacional da juventude

24 - Dia de Santa Aurélia
25 - São Cipriano, Dia da radiofusão, do trânsito
26 - São Cosme e Damião, Dia do técnico agropecuário, interamericano de relações públicas
27 - São Venceslau, Dia do ancião, do cantor, do instalador hidráulico, do umbandista, do professor de educação física, mundial do turismo
28 - Dia da Mãe Preta
29 - São Miguel Arcanjo, da Bíblia, do anunciante
30 - São Jerônimo, Dia da secretária, mundial do tradutor

OUTUBRO

1 - São Veríssimo, Dia nacional do vereador, do prefeito, do vendedor e do agente comercial
2 - Anjo da Guarda, Dia internacional da juventude
3 - Santa Teresa do Menino Jesus, Dia mundial do dentista, do petróleo brasileiro, das abelhas e do mel
4 - São Francisco de Assis, Dia dos animais, universal da anistia, da natureza
5 - São Plácido, Dia das aves
6 - São Bruno
7 - Nossa Sra. do Rosário, Dia do compositor, do idoso, do município
8 - Santa Brígida
9 - São Dionísio, Dia da união postal universal, mundial dos correios, do atletismo
10 - São Francisco Borja, Dia nacional da luta da mulher contra a violência, do representante comercial
11 - Maternidade Nossa Sra., Santa Zenaide, Dia do deficiente, da solidariedade com os prisioneiros, Inaug. da estátua do Cristo Redentor (RJ-1931)
12 - Nossa Sra. Aparecida, Dia do engenheiro agrônomo, do mar, da hispanidade, do descobrimento da América, do basquetebol, da criança, da cirurgia infantil
13 - Dia do fisioterapeuta
14 - São Calixto, Dia nacional da pecuária
15 - São Geraldo, Dia do professor
16 - Santa Edwiges, Dia da alimentação, do anestesista
17 - Santa Margarida, Dia da indústria aeronáutica, do eletricista

18 - São Lucas, Dia do estivador, do médico, do pintor
19 - São Alcântara
20 - São João Câncio, Dia do arquivista, internacional do controlador de tráfego aéreo, do poeta
21 - Santa Úrsula, Dia da iluminação, do contato publicitário
22 - Santa M. Salomé, Dia do pára-quedista, Dia da missão e da juventude missionária
23 - São João Bondoso, Dia do aviador, da aviação
24 - São Rafael, Dia das Nações Unidas, mundial de desenvolvimento
25 - São Crisanto, Dia do sapateiro, da democracia, da saúde dentária
26 - São Evaristo
27 - São Prudêncio
28 - São Judas Tadeu, Dia do funcionário público
29 - São Narciso, Dia nacional do livro, da universidade católica
30 - São Cláudio, Dia do comércio, do material bélico, do balconista
31 - Santa Lucila, Dia das bruxas, mundial da poupança, mundial do comissário de bordo

NOVEMBRO

1 - Dia de todos os santos
2 - Dia do radioamador, finados
3 - Santa Sílvia, Instituído o direito de voto para as mulheres (1930), Dia do cabeleireiro
4 - Santa Agrícola, Dia do inventor
5 - Dia do técnico em eletrônica, da ciência, do cinema brasileiro, nacional da cultura
6 - São Leonardo
7 - São Prosdócimo
8 - São Severino, Dia mundial do urbanismo
9 - São Matutino, Dia do manequim, do radiologista
10 - Santo André Avelino, Dia nacional do trigo
11 - São Martinho, Dia dos supermercados, do armistício (1ª Guerra)
12 - São Justino, Dia da indústria automobilística
13 - São Diogo, Nossa Senhora Medianeira
14 - São Josafá, Dia do Bandeirante, da alfabetização
15 - Proclamação da República
16 - Santa Gertrudes, Dia do não fumar
17 - Santo Alfeu

18 - Santa Astrogilda
19 - São Ponciano, Dia da bandeira
20 - São Félix de Valois, Dia do biomédico, nacional da consciência negra da comunidade afro-brasileira
21 - Apresentação de Nossa Sra., Dia do homeopata, da homeopatia, do diabético
22 - Santa Cecília, Dia do músico
23 - São Clemente, Dia nacional de Ação de Graças
24 - São João da Cruz
25 - Santa Catarina, Dia universal do doador voluntário de sangue
26 - São Belmiro, Dia do Ministério Público
27 - Santa Odete, Dia mundial da luta contra o câncer
28 - São Sóstenes, Dia do soldado desconhecido, Dia da fundação da estação telefônica no Brasil
29 - São Saturnino
30 - Dia do síndico, do Estatuto da Terra, Dia mundial de Ação de Graças

DEZEMBRO

1 - São Eloi, Bispo, Dia mundial de combate à Aids, Dia do imigrante
2 - Santa Bibiana, Dia das relações públicas, do samba, pan-americano da saúde
3 - São Francisco Xavier, Dia do trabalhador em minas de carvão, do pedicuro, do casal
4 - Santa Bárbara, Dia mundial da propaganda, do publicitário
5 - São Sabas, Dia do voluntário, da Fundação da Cruz Vermelha
6 - São Nicolau
7 - Santo Ambrósio
8 - Imaculada Conceição, Dia da justiça, do cronista esportivo
9 - Santa Valéria, Dia do alcoólatra recuperado, fonoaudiólogo
10 - Nossa Sra. de Loreto, Dia da declaração dos direitos do homem
11 - São Damaro, Dia do engenheiro, do arquiteto, do agrimensor
12 - Nossa Sra. de Guadalupe
13 - Santa Luzia, Dia do marinheiro, do óptico, do cego, do jardineiro, do reservista, do teatro amador
14 - Dia de Santo Agnelo
15 - São Maximiliano, Fundação da Academia Brasileira de Letras, Dia do jornaleiro

16 - Santo Eusébio B., Dia do reservista
17 - Santa Venina
18 - Nossa Sra. do Bom Parto
19 - São Nemésio
20 - São Liberato, Dia do mecânico
21 - São Tomé, Dia do atleta profissional, do artista profissional
22 - Santa Francisca Cabrini
23 - Santa Vitória, Dia do vizinho, Início do verão
24 - São Luciano, Dia do órfão, universal do perdão
25 - Natal
26 - Santo Arquelau, Dia da lembrança
27 - São João, apóstolo
28 - São Teófilo, Dia da Marinha Mercante, do salva-vidas
29 - São Davi
30 - Santo Anísio, Sagrada Família
31 - São Silvestre, Dia das devoluções, Réveillon

DATAS MÓVEIS

Carnaval
Semana Santa
Corpus Christi
Semana da Pátria
Semana da Criança

CAPÍTULO 3

CORRESPONDÊNCIAS PARA EVENTOS[1]

Realizar eventos requer de seu organizador o envio de alguns tipos de correspondência que a seguir expomos.

CARTA COMERCIAL

A carta comercial atual está despida de alguns elementos que no passado eram considerados importantes. Uma carta bem elaborada implica a utilização de linguagem direta, estética moderna e ausência de "formas" para iniciá-la e concluí-la. No fecho da carta é suficiente que se coloque "atenciosamente" ou "cordialmente", sem um longo parágrafo de despedida. O tipo bloco compacto, em que todos os elementos vão à esquerda, sem margem ou divisão de palavras à direita, torna a estética mais prática e moderna. No endereço de destinatário não se colocam nome de rua, bairro e Cep, devendo-se optar por uma das três formas a seguir:

a) Ao Sr. Camargo
    SÃO PAULO – SP

---

1. Ver mais informações em Cleuza G. Gimenez Cesca. *Comunicação dirigida escrita na empresa*. 4 ed.

b) Sr. Paulo Camargo
    SÃO PAULO – SP

c) Sr. Paulo Camargo

OFÍCIO

É quase exclusivamente utilizado no serviço público. Seu conteúdo é formal, sem os exageros do passado, quando se utilizavam mais linhas para a introdução e para o fecho do que propriamente para o conteúdo.

O ofício está para a empresa pública assim como a carta comercial e o memorando estão para a empresa privada.

O *Manual de Redação da Presidência da República* (p. 21) apresenta o ofício com algumas modificações. Esse novo modelo deve ser aplicado em todos os setores do serviço público federal brasileiro, e poderá, todavia, servir de parâmetro para as empresas privadas e particulares. Segundo esse manual, as formas vocativas foram modificadas:

Para os chefes de poder usa-se Excelentíssimo Senhor, seguido do respectivo cargo, como:

Excelentíssimo Senhor presidente da República,
Excelentíssimo Senhor presidente do Congresso Nacional,
Excelentíssimo Senhor presidente do Supremo Tribunal Federal,

As demais autoridades serão tratadas pelo vocativo Senhor, seguido do respectivo cargo, como:

Senhor senador,
Senhor ministro,
Senhor governador,

O endereçamento a ser colocado no fim do texto do ofício será:

a) Para chefes do poder e demais autoridades cujo tratamento é V. Excia. (Vossa Excelência):

Excelentíssimo Senhor
Fulano de Tal
Presidente do Congresso Nacional

b) Para autoridades cuja forma de tratamento é apenas V. Sª. (Vossa Senhoria):

Elimina-se o Il.ᵐᵒ Sr. (Ilustríssimo Senhor), ficando:

Ao Senhor
Fulano de Tal
Cargo
São Paulo – SP

Observe-se que os tratamentos DD. (digníssimo) e M.D. (mui digno) foram eliminados.

No envelope utiliza-se o mesmo endereçamento do fim do ofício, acrescido do nome da rua, bairro e Cep. É necessário observar sempre as formas de tratamento que cada cargo requer como forma vocativa. Exemplos peculiares são as formas utilizadas para juízes, reitores, bispos etc.

A empresa privada que procura formas de tornar sua correspondência sempre mais ágil já adotou o sistema bloco compacto também para a estética do ofício, o que, comprovadamente, reduz o tempo de elaboração.

REQUERIMENTO

É um documento no qual o interessado, depois de se identificar e se qualificar, faz uma solicitação à autoridade competente. Só é usado quando se dirige ao serviço público.

Possui características como: após o vocativo, deixam-se aproximadamente dez linhas até o corpo, espaço destinado ao protocolo e despacho da autoridade competente; finaliza-se com pedido de deferimento à solicitação, e data.

São formas tradicionais de fechos de requerimento: Nesses Termos Pede Deferimento; Termos em que Pede Deferimento; Pede e Aguarda Deferimento etc., ou essas formas abreviadas. Pode-se também optar pela eliminação do fecho, já que ninguém faz uma solicitação para pedir indeferimento.

MEMORANDO

É forma de comunicação escrita cuja principal característica é ser dirigida somente ao público interno. É redigido de maneira informal, em formulário que já possui partes impressas, bastando seu preenchimento. Mesmo sendo informal, não se pode utilizar linguagem familiar. Seu conteúdo é profissional, portanto, não se devem cometer exageros, como finalizar com "um abraço", assim como se deve dispensar o formal "atenciosamente". Assim, não se deve utilizar qualquer espécie de fecho. Trate de um só assunto em cada memo.

CIRCULAR

É um meio de comunicação escrita genérica. Sempre que uma informação tem de ser passada a vários destinatários, faz-se uso da circular.

Seu texto é informal e direto, dispensam-se, portanto, as formalidades. É reproduzida na quantidade necessária, por meio de xerox ou de qualquer outra forma de reprodução.

A estética bloco compacto também é aplicada a essa forma de comunicação dirigida escrita.

E-MAIL (CORREIO ELETRÔNICO)

Todas as mensagens impressas das organizações podem ser transformadas em eletrônicas e enviadas por *e-mail*/correio eletrônico, no corpo do *e-mail* ou anexo a ele, em arquivos de documentos, imagens, sons ou vídeos.

A mensagem por *e-mail* é feita sem formalidades, respeitando as normas de redação empresarial, portanto, sem inclusão de termos da redação social e excesso de abreviaturas; seu conteúdo tem de ser enxuto, como já vem ocorrendo com a correspondência impressa há anos.

RELATÓRIO

Embora o relatório não seja uma correspondência, decidimos incluí-lo em virtude de se tratar de um veículo de comunicação para prestação de contas do desempenho do evento e encaminhamento a quem de direito.

Tradicionalmente, constam do relatório página de rosto, apresentação, sumário, corpo, conclusões, recomendações e anexo.

Carta comercial impressa

INDÚSTRIA GIMENES & CESCA
www.gimenesca.com.br

Campinas, 00 de janeiro de 0000.
G.R.P. 00/00

Esporte Brasil S/A.
SÃO PAULO – SP

Prezados Senhores,

Com o objetivo de proporcionar maior integração entre os funcionários e, ao mesmo tempo, incentivar a prática esportiva, realizaremos o I Campeonato Esportivo Interno de nossa empresa, nos dias 14 e 15 de maio. Haverá, entre os participantes, funcionários que já se destacaram em torneios externos nas modalidades futebol, basquete e vôlei.

Por ser essa empresa conceituada e ter a tradição de patrocinar grandes eventos esportivos, gostaríamos de verificar se há a possibilidade de apoio para o nosso evento.

Caso haja interesse por parte de V. S.^{as}, aguardamos retorno para a discussão dos detalhes que tal parceria requer.

Atenciosamente,

Gerência de Relações Públicas

CGGC/amc.

Carta comercial eletrônica

De: industriagimenesca@...
Para: esportebrasil@...
Data: 00/00/00 - 11h23
Assunto: Patrocínio   Carta nº 001/00

Prezados Senhores,

Com o objetivo de proporcionar maior integração entre os funcionários e, ao mesmo tempo, incentivar a prática esportiva, realizaremos o I Campeonato Esportivo Interno de nossa empresa, nos dias 14 e 15 de maio. Haverá, entre os participantes, funcionários que já se destacaram em torneios externos nas modalidades futebol, basquete e vôlei.

Por ser essa empresa conceituada e ter a tradição de patrocinar grandes eventos esportivos, gostaríamos de verificar se há a possibilidade de apoio para o nosso evento.

Caso haja interesse por parte de V. S.[as], aguardamos retorno para a discussão dos detalhes que tal parceria requer.

Atenciosamente,

Gerência de Relações Públicas

Ofício impresso

INDÚSTRIA GIMENES & CESCA
www.gimenesca.com.br

Campinas, 00 de janeiro de 0000.

Senhor Prefeito,

Entre os eventos da programação de comemoração do aniversário de nossa empresa, inauguraremos, no próximo dia 15, às 17h, a "Creche Criança Sadia", localizada na rua Emílio Rios, 245, reivindicação antiga de nossos funcionários, que agora tem suas obras concluídas.

Gostaríamos de contar com a presença de V. Excia. para descerrar a placa e falar aos participantes sobre a importância da criação de creches pelas empresas, pois sabemos que essa é, também, uma das prioridades de seu governo.

Certos de sua honrosa presença, firmamo-nos.

Atenciosamente,

Diretoria Geral

Excelentíssimo Senhor
Dr. Paulo Soares Martins Dias
Prefeito Municipal da Cidade de Campinas
NESTA

CGGC/amc

Ofício eletrônico

De: gimenesca@...
Para: gabinetedoprefeito@...
Data: 00/00/00 - 8h12
Assunto: Convite   Ofício nº 001/0

Senhor prefeito,

Entre os eventos da programação de comemoração do aniversário de nossa empresa, inauguraremos, no próximo dia 15, às 17h, a "Creche Criança Sadia", localizada na rua Emílio Rios, 245, reivindicação antiga de nossos funcionários, que agora tem suas obras concluídas.

Gostaríamos de contar com a presença de V. Excia. para descerrar a placa e falar aos participantes sobre a importância da criação de creches nas empresas, pois sabemos que essa é, também, uma das prioridades de seu governo.

Certos de sua honrosa presença, firmamo-nos.

Atenciosamente,

Diretoria Geral

Excelentíssimo Senhor
Dr. Paulo Soares Martins Dias
Prefeito Municipal da Cidade de Campinas
NESTA

Circular impressa

INDÚSTRIA GIMENES & CESCA
www.gimenesca.com.br

CIRCULAR N° 001/00

Prezados colaboradores,

Dando continuidade as nossas ações de responsabilidade social, no próximo dia 5, domingo, inauguraremos a Praça José do Patrocínio, ao lado de nossa empresa, visando proporcionar à comunidade um espaço para lazer, melhorando, assim, a qualidade de vida de todos.

Esse é mais um momento em que nossa empresa reafirma seu compromisso com os menos favorecidos e conta com a sua participação para que o evento seja ainda mais completo.

É nossa empresa dando a sua contribuição para um Brasil melhor.

Campinas, 00 de janeiro de 0000.

Gerência de Comunicação.

Circular eletrônica

De: gerenciacomunicacao@...
Para: funcionario@...
Data: 00/00/00 - 8h55
Assunto: Convite Circular　　　　　　　　　　　　　　nº 001/00

Prezados Colaboradores,

Dando continuidade às nossas ações de responsabilidade social, no próximo dia 15, domingo, inauguraremos a Praça José do Patrocínio, ao lado de nossa empresa, visando, com isso, proporcionar à comunidade um espaço para lazer, melhorando, assim, a qualidade de vida de todos.

Esse é mais um momento em que nossa empresa reafirma seu compromisso com os menos favorecidos, e conta com a sua participação para que o evento seja ainda mais completo.

É nossa empresa dando a sua contribuição para um Brasil melhor.

Gerência de Comunicação.

Requerimento impresso (exemplo 1)

INDÚSTRIA GIMENES & CESCA
www.gimenesca.com.br

Exmo. Senhor Secretário de Esportes da Prefeitura Municipal de Campinas

A Indústria ABC, localizada na rua Acácia nº 500, Bairro São João, nesta cidade, inscrita no CNPJ nº 48.748.943/0001-08 e com Inscrição Estadual nº 244.152.262, vem requerer a V. Excia. a cessão do Centro Esportivo do Jardim Santo Antônio, para a realização do I Campeonato Esportivo Interno de seus funcionários, nos dias 15 e 16 de fevereiro próximo, das 8h às 18h, em virtude de não possuir espaço físico adequado.

Campinas, 00 de janeiro de 0000.

Assinatura

Requerimento impresso (exemplo 2)

INDÚSTRIA GIMENES & CESCA
www.gimenesca.com.br

Exmo. Senhor Secretário de Esportes da Prefeitura Municipal de Campinas

A Indústria ABC, localizada na rua Acácia nº 500, Bairro São João, nesta cidade, inscrita no CNPJ nº 48.748.943/0001-08 e com Inscrição Estadual nº 244.152.262, vem requerer a V. Excia. a cessão do Centro Esportivo do Jardim Santo Antônio, para a realização do I Campeonato Esportivo Interno de seus funcionários, nos dias 15 e 16 de fevereiro, das 8h às 18h, em virtude de não possuir espaço físico adequado.

Nesses termos,
pede deferimento

Campinas, 00 de janeiro de 0000.

Assinatura

Requerimento: eletrônico (exemplo 1)

De: gimenesca@...
Para: gabineteprefeito@...
Data: 00/00/00 - 9h23
Assunto: Requerimento

Exmo. Senhor Secretário de Esportes da Prefeitura Municipal de Campinas

A Indústria ABC, localizada na rua Acácia nº 500, Bairro São João, nesta cidade, inscrita no CNPJ nº 48.748.943/0001-08 e com Inscrição Estadual nº 244.152.262, vem requerer a V. Excia. a cessão do Centro Esportivo do Jardim Santo Antônio, para a realização do I Campeonato Esportivo Interno de seus funcionários, nos dias 15 e 16 de fevereiro, das 8h às 18h, em virtude de não possuir espaço físico adequado.

Cleuza Cesca
Gerência de Comunicação

Requerimento: eletrônico (exemplo 2)

De: gimenesca@...
Para: gabineteprefeito@...
Data: 00/00/00 - 10h32
Assunto: Requerimento

Exmo. Senhor Secretário de Esportes da Prefeitura Municipal de Campinas

A Indústria ABC, localizada na rua Acácia nº 500, Bairro São João, nesta cidade, inscrita no CNPJ nº 48.748.943/0001-08 e com Inscrição Estadual nº 244.152.262, vem requerer a V. Excia. a cessão do Centro Esportivo do Jardim Santo Antônio, para a realização do I Campeonato Esportivo Interno de seus funcionários, nos dias 15 e 16 de fevereiro próximo, das 8h às 18h, em virtude de não possuir espaço físico adequado.

Nesses termos,
pede deferimento

Cleuza Cesca
Gerência de Comunicação

E-MAIL (exemplo 1)

De: gerenciacomunicacao@...
Para: gerenciarecursoshumanos@...
Data: 00/00/00 - 10h32
Assunto: Programa de Visitas

Reiniciaremos no próximo dia 20 os Programas de Visita à empresa, começando pelos filhos de funcionários entre 8 e 12 anos de idade. Solicitamos, portanto, a essa gerência que nos forneça o número de crianças nessa faixa etária.

Agradamos por um rápido envio.

Cleuza Cesca

E-MAIL (exemplo 2)

De: gerenciarecursoshumens@...
Para: gerenciacomunicacao@...
Data: 00/00/00 - 10h32
Assunto: Programa de Visitas

Atendendo à solicitação dessa gerência, comunicamos que o número de filhos de funcionários de nossa empresa na faixa de 8 a 12 anos é 167.

Colocamo-nos à disposição para qualquer outro apoio ao alcance desta gerência.

Monna Gimenes

Memorando impresso

DE: Ger. de R.P.   PARA: Ger. Vendas
CC/: arquivo   CC/: Ger. *Marketing*

Nossa referência	Data	Sua referência	Data	Recebido em
001/00/00	00/00/00	00/00	00/00/00	00/00/00
ASSUNTO: Programa de Visitas				

No próximo dia 15, terça-feira, iniciaremos a visitação de escolas da cidade e região à nossa empresa. A duração do programa é de dois meses, duas vezes por semana, às terças e quintas-feiras, das 14h30 às 17h30, com a presença de 30 crianças por visita.

Contamos com as providências que o evento requer desse setor.

Cleuza Cesca
―――――――――――――――――――――

Tratar de um só assunto em cada memo

Memorando eletrônico

DE: gerenciacomunicacao@...
PARA: ambulatorio@...
HORA: 11h32
DATA: 00/00/00
ASSUNTO: Programa de Visitas   MEMO Nº 00/00

No próximo dia 15, terça-feira, iniciaremos a visitação de escolas da cidade e região à nossa empresa. A duração do programa é de dois meses, duas vezes por semana, às terças e quintas-feiras, das 14h30 às 17h30, com a presença de 30 crianças por visita.
Contamos com as providências que o evento requer desse setor.

Cleuza Cesca
_____

Tratar de um só assunto em cada memo

FORMAS DE TRATAMENTO[2]

a) Forma vocativa
b) Forma de tratamento
c) Forma para endereçamento

ABADES E SUPERIORES DE CONVENTOS

a) Reverendíssimo Senhor
b) Vossa Paternidade (V. P.)
c) A Sua Paternidade

---

2. Ver mais informações em Cleuza G. Gimenez Cesca. *Comunicação dirigida escrita na empresa*. 4 ed.

ARCEBISPOS E BISPOS
a) Reverendíssimo Senhor
b) Vossa Excelência Reverendíssima (V. Excia. Revma.)
c) A Sua Excelência Revendíssima

CARDEAIS
a) Eminentíssimo Senhor
b) Vossa Eminência Reverendíssima (V. Ema. Revma.)
c) A Sua Eminência Reverendíssima

CHANCELER DE UNIVERSIDADE
a) Senhor Chanceler
b) Vossa Excelência (V. Excia.)
c) A Sua Excelência/ Exmo. Senhor

CÔNSULES
a) Senhor Cônsul
b) Vossa Excelência (V. Excia.)
c) A Sua Excelência/ Exmo. Senhor

DEPUTADOS FEDERAIS E ESTADUAIS
a) Senhor Deputado
b) Vossa Excelência (V. Excia.)
c) A Sua Excelência/ Exmo. Senhor

DESEMBARGADOR DA JUSTIÇA
a) Senhor Desembargador
b) Vossa Excelência (V. Excia.)
c) A Sua Excelência/ Exmo. Senhor

DIRETORES DE AUTARQUIAS FEDERAIS, ESTADUAIS E MUNICIPAIS
a) Senhor Diretor
b) Vossa Senhoria (V. S.ª)
c) Ao Senhor

DOUTOR (Ph.D.)
   a) Senhor Doutor
   b) Vossa Senhoria (V. S.ª)
   c) Ao Senhor

EMBAIXADORES
   a) Senhor Embaixador
   b) Vossa Excelência (V. Excia.)
   c) A Sua Excelência/ Exmo. Senhor

EMPRESAS DE UM MODO GERAL
   a) Prezados Senhores
   b) Vossas Senhorias (V. S.ᵃˢ)
   c) Empresa XY

FREIRAS, PADRES E OUTRAS AUTORIDADES ECLESIÁSTICAS
   a) Reverendíssimo Senhor
   b) Vossa Reverência (V. Re.ᵛᵃ)
   c) A Sua Reverência

GOVERNADORES DE ESTADO
   a) Senhor Governador
   b) Vossa Excelência (V. Excia.)
   c) A Sua Excelência/ Exmo. Senhor

JUIZ DE DIREITO
   a) Meritíssimo Juiz
   b) Vossa Excelência (V. Excia.)
   c) A Sua Excelência/ Exmo. Senhor

MADRES
   a) Reverendíssima Senhora
   b) Vossa Reverência (V. Re.ᵛᵃ)
   c) A Sua Reverência

MARECHAIS, ALMIRANTES, BRIGADEIROS E GENERAIS
a) Senhor (patente)
b) Vossa Excelência (V. Excia.)
c) A Sua Excelência/ Exmo. Senhor

MESTRES
a) Senhor Professor
b) Vossa Senhoria (V. S.ª)
c) Ao Senhor

MINISTROS DE ESTADO
a) Senhor Ministro
b) Vossa Excelência (V. Excia.)
c) A Sua Excelência/ Exmo. Senhor

NÚNCIO APOSTÓLICO
a) Eminentíssimo Senhor
b) Vossa Eminência (V. E.^{ma})
c) A Sua Eminência

OUTRAS PATENTES MILITARES
a) Senhor (patente)
b) Vossa Senhoria (V. S.ª)
c) Ao Senhor

PAPA
a) Santíssimo Padre
b) Vossa Santidade (V. S.)
c) A Sua Santidade

PESSOAS EM GERAL
a) Prezado Senhor
b) Vossa Senhoria (V. S.ª)
c) Ao Senhor

PREFEITOS MUNICIPAIS
- a) Senhor Prefeito
- b) Vossa Excelência (V. Excia.)
- c) A Sua Excelência/ Exmo. Senhor

PRESIDENTE DA REPÚBLICA
- a) Excelentíssimo Senhor Presidente da República
- b) Vossa Excelência (V. Excia.)
- c) A Sua Excelência/ Exmo. Senhor

PRESIDENTE DO CONGRESSO NACIONAL
- a) Excelentíssimo Senhor Presidente do Congresso Nacional
- b) Vossa Excelência (V. Excia.)
- c) A Sua Excelência/ Exmo. Senhor

PRESIDENTE DO SUPREMO TRIBUNAL FEDERAL
- a) Excelentíssimo Senhor Presidente do Supremo Tribunal Federal
- b) Vossa Excelência (V. Excia.)
- c) A Sua Excelência/ Exmo. Senhor

PRESIDENTE DE EMPRESA PRIVADA
- a) Prezado Senhor
- b) Vossa Senhoria (V. S.ª)
- c) Ao Senhor

PRÍNCIPES E DUQUES
- a) Sereníssimo Senhor
- b) Vossa Alteza (V. A.)
- c) A Sua alteza

REIS E IMPERADORES
- a) Sereníssimo Senhor
- b) Vossa Majestade (V. M.)
- c) A Sua Majestade

REITORES DE UNIVERSIDADES
a) Magnífico Reitor
b) Vossa Magnificência (V. M.)
c) A Sua Magnificência/ Exmo. Senhor

SECRETÁRIOS DE ESTADO E DE MUNICÍPIO
a) Senhor Secretário
b) Vossa Excelência (V. Excia.)
c) A Sua Excelência/ Exmo. Senhor

SENADORES DA REPÚBLICA
a) Senhor Senador
b) Vossa Excelência (V. Excia.)
c) A Sua Excelência/ Exmo. Senhor

VEREADORES
a) Senhor Vereador
b) Vossa Excelência (V. Excia.)
c) A Sua Excelência/ Exmo. Senhor

VICE-REITORES DE UNIVERSIDADES
a) Magnífico Vice-Reitor
b) Vossa Magnificência (V. M.)
c) A Sua Magnificência/ Exmo. Senhor

■ OBSERVAÇÃO:

É importante saber distinguir o tipo de correspondência (impressa/eletrônica) que se envia a cada uma dessas pessoas; se ofício ou carta. A abreviatura de Vossa Excelência poderá também ser V. Exa.

■ **TIPOS DE MESA**

Os modelos de mesa criados por Blanco Villalta e citados por Nelson Speers (1980, p. 487-506) têm servido de parâmetro para a criação de novos tipos. Portanto, diante da necessidade, o organizador de eventos pode usar a mesma estratégia.

ESQUEMA 1

MESA EM "I" COM LUGARES DE UM SÓ LADO.

CABECEIRA

ESQUEMA 2

MESA EM "I" COM LUGARES DOS DOIS LADOS. CABECEIRA AO CENTRO. MESA À FRANCESA.

CABECEIRA

ESQUEMA 3

MESA EM "I" COM LUGARES DOS LADOS. CABECEIRA NAS EXTREMIDADES. MESA À INGLESA.

CABECEIRA

ESQUEMA 4

Mesa em "U" com lugares somente externos.

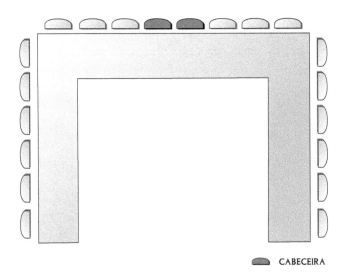

CABECEIRA

ESQUEMA 5

Mesa em "U" com lugares internos e externos.

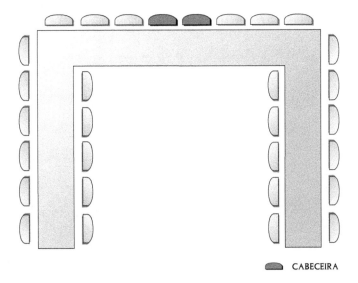

CABECEIRA

ESQUEMA 6

Mesa em "U" com lugares externos e internos. Alguns lugares internos foram retirados para que o convidado não ofereça as costas à cabeceira.

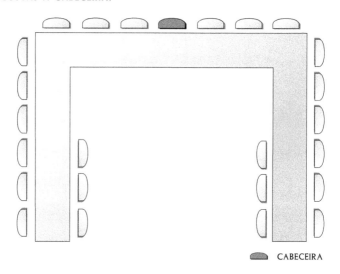

◼ CABECEIRA

ESQUEMA 7

Duas mesas em "I" com lugares só de um lado (cabeceiras) entremeadas com duas, três ou mais mesas em "I" com lugares dos dois lados.

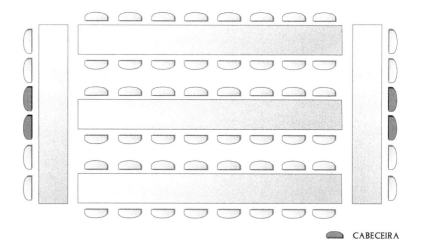

◼ CABECEIRA

ESQUEMA 8

Mesa circular.

CABECEIRA

ESQUEMA 9

Mesa em "E", ou pente de três dentes.

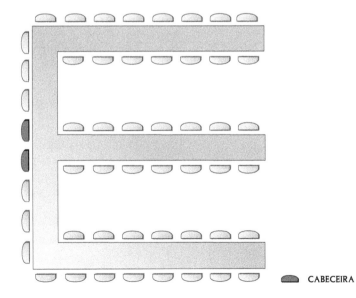

CABECEIRA

113

ESQUEMA 10

MESA EM PENTE COM QUATRO DENTES.

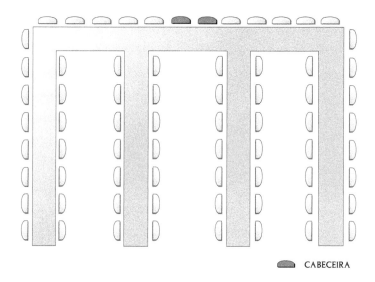

CABECEIRA

ESQUEMA 11

MESA EM "T".

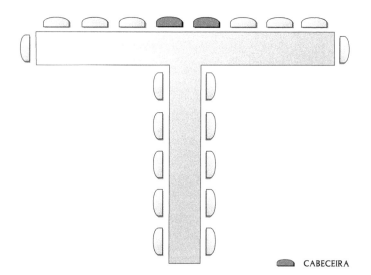

CABECEIRA

ESQUEMA 12

Combinação de duas mesas em "U".

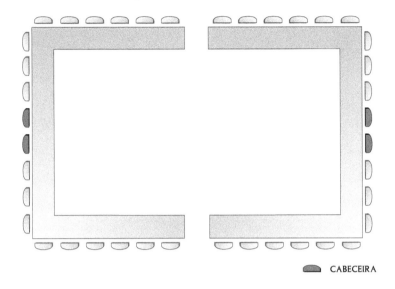

CABECEIRA

ESQUEMA 13

Combinação de duas mesas em "U" com 2 mesas em "I".

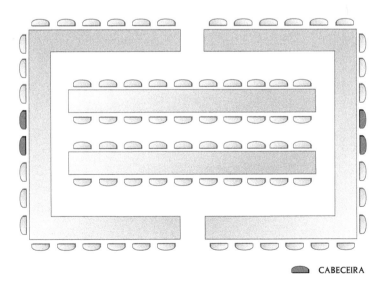

CABECEIRA

ESQUEMA 14

Combinação de duas mesas em "U" com mesas pequenas.

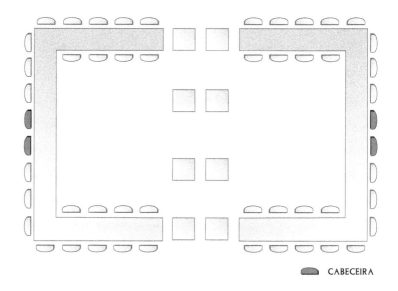

▬ CABECEIRA

ESQUEMA 15

Combinação de duas mesas em "U" com uma em "I".

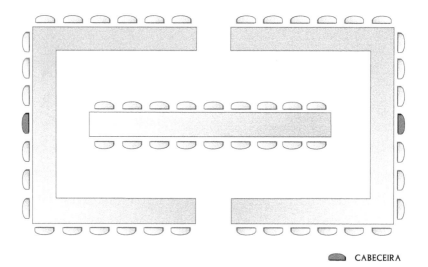

▬ CABECEIRA

ESQUEMA 16

Mesa em "H".

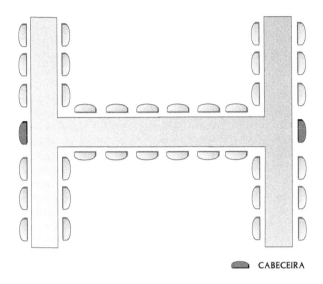

◖ CABECEIRA

ESQUEMA 17

Três mesas paralelas em "I" com cabeceiras à inglesa.

◖ CABECEIRA

ESQUEMA 18

MESA QUADRADA COM **4** CABECEIRAS.

CABECEIRA

ESQUEMA 19

DUAS CABECEIRAS ONDULANTES E MESAS PEQUENAS.

ELE
ELA

ESQUEMA 20

Mesas pequenas em função de um palco.

● ELE
○ ELA

ESQUEMA 21

Várias mesas longas e sua precedência em razão da mesa cabeceira.

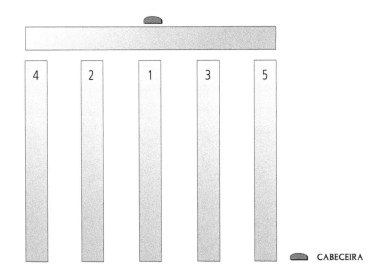

CABECEIRA

ESQUEMA 22

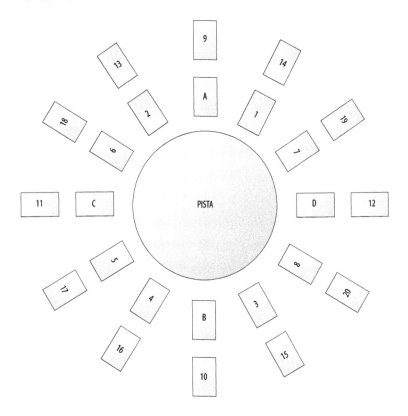

ESQUEMA 23

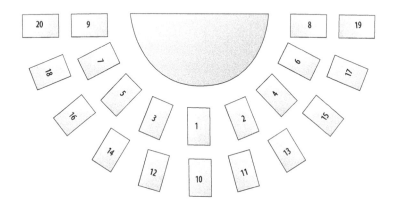

ARRANJOS DE MESA[3]

Existem várias maneiras de dispor louça, cristais e talheres em uma mesa. Dependendo da forma, teremos disposição à americana, à brasileira, à francesa, à russa e à inglesa. No dia-a-dia essas formas são bastante simplificadas, ficando a critério de cada um. Os esquemas abaixo auxiliam a compreensão:

1	PRATO	10	COPO PARA ÁGUA
2	GUARDANAPO	11	COPO PARA CHAMPANHE
3	GARFO	12	PRATO PARA PÃO
4	GARFO PARA PEIXE	13	FACA PARA MANTEIGA
5	COLHER PARA SOPA	14	FACA PARA SOBREMESA
6	FACA PARA PEIXE	15	COLHER PARA SOBREMESA
7	FACA	16	GARFO PARA SOBREMESA
8	COPO PARA VINHO BRANCO	17	GARFO PARA OSTRA OU MELÃO
9	COPO PARA VINHO TINTO		

ARRANJO À BRASILEIRA

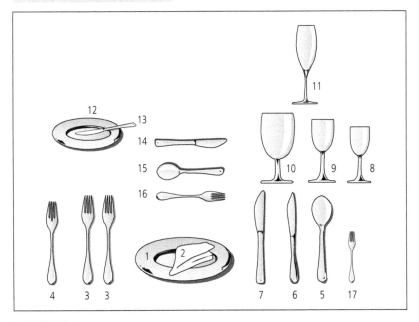

---

3. Conrep/RJ. *Legislação em relações públicas*, p. 164-7.

ARRANJO À FRANCESA

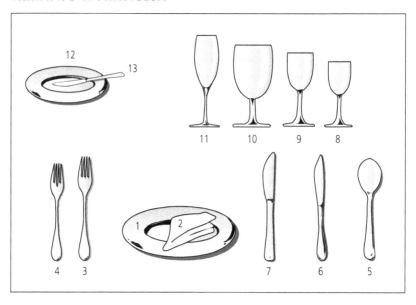

ARRANJO À AMERICANA

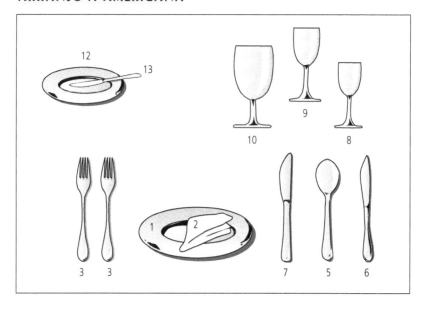

ARRANJO À INGLESA

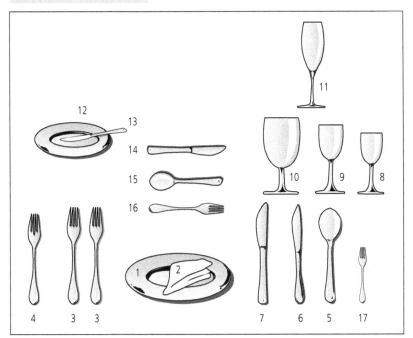

ARRANJO À AMERICANA

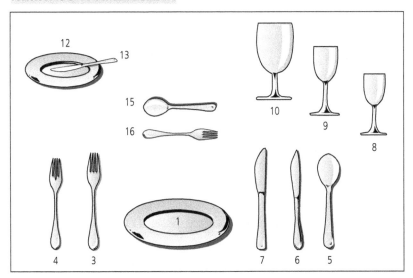

ARRANJO SIMPLIFICADO

COMPOSIÇÃO DE MESA

Nas composições de mesa devem ser observadas as precedências, e em situações difíceis o bom senso deve se fazer presente. Vejamos algumas situações.

– O primeiro item a se observar é quantas pessoas comporão a mesa.

A) SE O NÚMERO DE PESSOAS FOR PAR NÃO EXISTE UM CENTRO, PORTANTO, O MAIS IMPORTANTE FICA À DIREITA DE UM CENTRO HIPOTÉTICO.

1 MAIOR AUTORIDADE (PRESIDENTE)
2 ANFITRIÃO
3 2ª PESSOA MAIS IMPORTANTE
4 3ª PESSOA MAIS IMPORTANTE
5 4ª PESSOA MAIS IMPORTANTE
6 5ª PESSOA MAIS IMPORTANTE

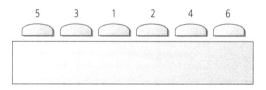

B) SE O NÚMERO DE PESSOAS FOR ÍMPAR, HÁ UM CENTRO E, PORTANTO, SERÁ OCUPADO PELA PESSOA MAIS IMPORTANTE.

1 CHEFE DO PODER (ABRIRÁ E, SE DESEJAR, PRESIDIRÁ)
2 HOMENAGEADO
3 ANFITRIÃO (SE O Nº 1 NÃO PRESIDIR, CABERÁ AO ANFITRIÃO)
4 PESSOA MAIS IMPORTANTE NA SEQÜÊNCIA
5 PESSOA MAIS IMPORTANTE NA SEQÜÊNCIA

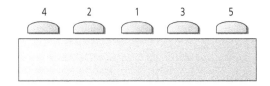

EVENTO EM QUE HÁ HOMENAGEADO SEM PRESENÇA DE CHEFES DO PODER.

1 ANFITRIÃO (ABRIRÁ E PRESIDIRÁ)
2 HOMENAGEADO
3 1ª PESSOA MAIS IMPORTANTE
4 2ª PESSOA MAIS IMPORTANTE
5 3ª PESSOA MAIS IMPORTANTE

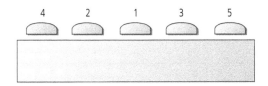

EVENTO EM QUE HÁ REPRESENTANTE DO PODER E HOMENAGEADO.

1 ANFITRIÃO
2 HOMENAGEADO
3 REPRESENTANTE DO CHEFE DO PODER
4 PESSOA MAIS IMPORTANTE NA SEQÜÊNCIA
5 PESSOA MAIS IMPORTANTE NA SEQÜÊNCIA

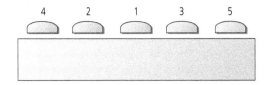

Evento em que o representante do chefe do poder é o vice, e há homenageado.

1 VICE
2 HOMENAGEADO
3 ANFITRIÃO
4 PESSOA MAIS IMPORTANTE NA SEQÜÊNCIA
5 PRÓXIMA PESSOA MAIS IMPORTANTE NA SEQÜÊNCIA

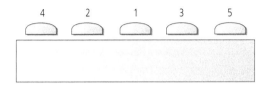

Evento em empresa privada com homenageado.

1 PRESIDENTE DA EMPRESA
2 FUNCIONÁRIO DA EMPRESA HOMENAGEADO
3 DIRETOR DE RH
4 DIRETOR DE RP
5 CHEFIA DO SETOR DO HOMENAGEADO

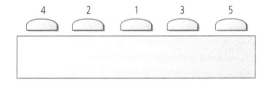

Evento na Câmara Municipal de Campinas, com a presença das seguintes pessoas: Presidente da Câmara Municipal de Campinas, Prefeito de São Paulo, Vereador de Campinas, Prefeito de Campinas.

1 PRESIDENTE DA CÂMARA MUNICIPAL DE CAMPINAS
2 PREFEITO DE CAMPINAS
3 PREFEITO DE SÃO PAULO
4 VEREADOR DE CAMPINAS

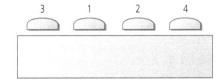

Evento na Associação de Bairro com a presença das seguintes pessoas: Vereador com base eleitoral no bairro, Presidente da Associação, Membro da Comunidade, Coordenador da Administração Regional.

1 Presidente da Associação
2 Vereador
3 Coordenador da Administração Regional
4 Membro da Comunidade

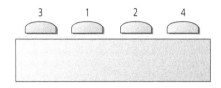

Evento em São Paulo com a presença das seguintes pessoas: Governador de São Paulo, Presidente da República, Prefeito de São Paulo e Presidente da Câmara Municipal da cidade de São Paulo.

1 Presidente da República
2 Governador de São Paulo
3 Prefeito de São Paulo
4 Presidente da Câmara Municipal da cidade de São Paulo

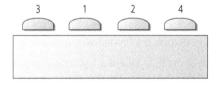

Evento em Campinas, com a presença das seguintes pessoas: Prefeito de Campinas, Presidente da República, Governador de São Paulo, Prefeito de Salvador, Prefeito do Rio de Janeiro, Prefeito de Curitiba, Prefeito de São Luiz.

1 Presidente da República   5 Prefeito do Rio de Janeiro
2 Governador de São Paulo   6 Prefeito de São Luiz
3 Prefeito de Campinas   7 Prefeito de Curitiba
4 Prefeito de Salvador

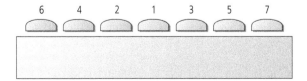

Evento em universidade, com a presença de toda a sua cúpula.

1 Grão-Chanceler
2 Reitor
3 Vice-Reitor
4 Vice-Reitor Administrativo
5 Vice-Reitor de Pesquisa
6 Vice-Reitor Acadêmico
7 Vice-Reitor de Extensão

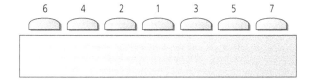

■ OBSERVAÇÕES

- O chefe do poder sempre ocupará o centro, mesmo que não presida, e fará a abertura e o encerramento.

- As pessoas dos Estados são colocadas seguindo a ordem de criação de seus Estados.

- As pessoas das cidades são colocadas seguindo a ordem de criação de seus Estados.

- As pessoas de cidades de um mesmo Estado são colocadas em ordem alfabética das respectivas cidades.

- Se o lugar da lateral for ocupado por uma mulher em decorrência da precedência, deverá, por uma questão de elegância, ser trocado com o homem mais próximo.

■ COLOCAÇÃO DAS BANDEIRAS

A bandeira nacional ocupa sempre o centro. Com base nela são colocadas as demais, por ordem de precedência partindo da direita. A posição direita ou esquerda a que nos referimos é sempre vista posicionando-se no lugar da bandeira e olhando para a platéia.

Vejamos algumas situações práticas.

– O primeiro item a se observar é quantas bandeiras serão colocadas.

A) SE FOR NÚMERO PAR NÃO EXISTE UM CENTRO, PORTANTO, A MAIS IMPORTANTE FICA À DIREITA DE UM CENTRO HIPOTÉTICO.

BANDEIRA BRASILEIRA E UMA ESTRANGEIRA.

B) SE O NÚMERO DE BANDEIRAS FOR ÍMPAR, HÁ, PORTANTO, UM CENTRO QUE SERÁ OCUPADO PELA BANDEIRA BRASILEIRA.

BANDEIRA BRASILEIRA E DUAS ESTRANGEIRAS.

BANDEIRA NACIONAL E ESTADUAL.

BANDEIRA BRASILEIRA, ESTADUAL E ESTRANGEIRA.

BANDEIRA BRASILEIRA, ESTADUAL E MUNICIPAL.

BANDEIRA BRASILEIRA MAIS QUATRO ESTRANGEIRAS.

Bandeira brasileira, estadual, municipal e da empresa.

| MUNICÍPIO | BRASIL | ESTADO | EMPRESA |

Bandeira brasileira, estadual e da empresa.

| ESTADO | BRASIL | EMPRESA |

Bandeira brasileira, estadual, estrangeira, municipal e da empresa.

| MUNICÍPIO | ESTRANG. | BRASIL | ESTADO | EMPRESA |

Evento na cidade de Campinas, em parceria com o Uruguai, colocando as seguintes bandeiras: Uruguai, Estado de São Paulo, Brasil, Rio de Janeiro, Bahia, Maranhão e Campinas (SP).

| MARANHÃO | BAHIA | URUGUAI | BRASIL | SÃO PAULO | RIO DE JANEIRO | CAMPINAS |

Evento na cidade de Curitiba (PR) em parceria com o Uruguai, colocando as seguintes bandeiras: Paraná, Uruguai, Brasil, Curitiba e Campinas.

| CURITIBA | URUGUAI | BRASIL | PARANÁ | CAMPINAS |

Evento na cidade de São Paulo em parceria com o Chile, colocando as seguintes bandeiras: Estado de São Paulo, Brasil, cidade de São Paulo e Chile.

| SÃO PAULO (ESTADO) | BRASIL | CHILE | SÃO PAULO (CIDADE) |

Evento na cidade de Campinas, colocando as seguintes bandeiras: Estado de São Paulo, Brasil, Campinas e Rotary Club.

Evento no Brasil em parceria com o Equador, colocando as seguintes bandeiras: Brasil, Uruguai, Paraguai, Equador, Argentina, Venezuela e Chile.

Evento na Academia Campinense de Letras, na cidade de Campinas, colocando as seguintes bandeiras: Estado de São Paulo, Brasil, Academia, PUC-Campinas e Campinas.

Evento na PUC-Campinas, colocando as seguintes bandeiras: Estado de São Paulo, Brasil, PUC-Campinas, Unicamp e Campinas.

Evento na Unicamp, na cidade de Campinas, colocando as seguintes bandeiras: Est. São Paulo, Brasil, Unicamp e PUC-Campinas

| UNICAMP | SÃO PAULO | BRASIL | CAMPINAS | PUC-CAMPINAS |

Evento na cidade de Campinas, colocando as seguintes bandeiras: Estado de São Paulo, Empresa Anfitriã, Empresa Convidada e Brasil.

| EMPRESA ANFITRIÃ | BRASIL | SÃO PAULO | EMPRESA CONVIDADA |

Evento na cidade de Campinas, colocando as seguintes bandeiras: Estado de São Paulo, Brasil, Empresa e Campinas.

Evento na cidade de Santos, colocando as seguintes bandeiras: Campinas, Estado de São Paulo, Brasil e Santos.

Evento em Curitiba em parceria com Natal, colocando as seguintes bandeiras: Curitiba, Natal, Paraná, Rio Grande do Norte e Brasil.

Evento em Brasília, em parceria com Porto Alegre, colocando as seguintes bandeiras: Brasília, Rio Grande do Norte, Brasil, Distrito Federal, Estado de São Paulo, Porto Alegre.

Evento na Unicamp em parceria com a PUC-Campinas, colocando as seguintes bandeiras: Unicamp, Brasil, Estado de São Paulo, Campinas, PUC-Campinas, Sindicato dos Professores.

Bandeiras em alamedas

OUTRAS INFORMAÇÕES

As bandeiras dos países estrangeiros são dispostas pela ordem alfabética do país em que são hasteadas.

A bandeira do país em que ela está sendo hasteada ocupa sempre o lugar central, de anfitriã, e a disposição por ordem alfabética é feita à direita e à esquerda, sucessivamente.

Missões estrangeiras, em suas sedes, podem hastear a bandeira de seu país sem acompanhá-la da bandeira do país em que se encontram.

A bandeira do país que ocupará a direita da bandeira anfitriã pode ser do país de maior importância para o evento, e as demais seguem a ordem alfabética.

Bandeiras das cidades de um mesmo Estado são colocadas em ordem alfabética, depois de respeitadas as parcerias.

Não se deve aplaudir o hino nacional ao final de sua execução, apresentado como abertura ou encerramento de eventos, pois trata-se de um ato de respeito à pátria, não uma peça musical para animar o ambiente.

As bandeiras dos Estados brasileiros são dispostas pela ordem de precedência que é determinada pela data de criação do respectivo estado. De acordo com a *Enciclopédia Larousse* (1995) e sites oficiais dos respectivos governos, a disposição é a seguinte:

1 – BAHIA
2 – RIO DE JANEIRO
3 – MARANHÃO
4 – PARÁ
5 – PERNAMBUCO
6 – SÃO PAULO
7 – MINAS GERAIS
8 – GOIÁS
9 – MATO GROSSO
10 – RIO GRANDE DO SUL
11 – CEARÁ
12 – PARAÍBA
13 – ESPÍRITO SANTO
14 – PIAUÍ
15 – RIO GRANDE DO NORTE
16 – SANTA CATARINA
17 – ALAGOAS
18 – SERGIPE
19 – AMAZONAS
20 – PARANÁ

21 – Distrito Federal –1960
22 – Acre – 15/06/1962
23 – Mato Grosso do Sul – criado pela Lei complementar nº 31 de 11/10/1977 e implantado em 01/03/1979.
24 – Rondônia – criado pela Lei Complementar nº 41 de 22/12/1981.
25 – Amapá – criado em 05/10/1988 e implantado em 01/01/1991.
26 – Tocantins – 01/01/1989
27 – Roraima – criado pelo Decreto nº 97.887 de 22/06/89.

Distrito Federal foi formado em 1960, é a única unidade da federação que não é Estado e não possui municípios. É território autônomo, dividido em regiões administrativas – cidades satélites – que dependem economicamente de Brasília.

Fernando de Noronha deixou de ser território, passando a distrito estadual de Pernambuco e tem um administrador geral nomeado pelo governador do Estado.

JUBILEUS E BODAS

Todo organizador de eventos tem de conhecer as datas de jubileus e bodas, pois cada um desses momentos requer comemoração com características próprias.

1	Bodas de Papel	11	Bodas de Aço
2	Bodas de Algodão	12	Bodas de Ônix
3	Bodas de Couro/Trigo	13	Bodas de Renda
4	Bodas de Flores	14	Bodas de Marfim
5	Bodas de Madeira	15	Bodas de Cristal
6	Bodas de Açúcar	16	Bodas de Turmalina
7	Bodas de Lã	17	Bodas de Rosa
8	Bodas de Papoula	18	Bodas de Turquesa
9	Bodas de Cerâmica	19	Bodas de Água Marinha
10	Bodas de Estanho	20	Bodas de Porcelana

(CONTINUA)

(CONTINUAÇÃO)

21	Bodas de Zircão	61	Bodas de Cobre
22	Bodas de Louça	62	Bodas de Telurita
23	Bodas de Palha	63	Bodas de Trigo
24	Bodas de Opala	64	Bodas de Fabulita
25	Bodas de Prata	65	Bodas de Safira
26	Bodas de Alexandrita	66	Bodas de Ébano
27	Bodas de Crisopázio	67	Bodas de Neve
28	Bodas de Hematita	68	Bodas de Chumbo
29	Bodas de Erva	69	Bodas de Mercúrio
30	Bodas de Pérola	70	Bodas de Vinho
31	Bodas de Nácar	71	Bodas de Zinco
32	Bodas de Pinho	72	Bodas de Aveia
33	Bodas de Crizoberilo	73	Bodas de Manjerona
34	Bodas de Oliveira	74	Bodas de Macieira
35	Bodas de Coral	75	Bodas de Brilhante
36	Bodas de Cedro	76	Bodas de Cipestre
37	Bodas de Aventurina	77	Bodas de Alfazema
38	Bodas de Carvalho	78	Bodas de Benjoim
39	Bodas de Mármore	79	Bodas de Café
40	Bodas de Esmeralda	80	Bodas de Nogueira
41	Bodas de Seda	81	Bodas de Cacau
42	Bodas de Linho	82	Bodas de Cravo
43	Bodas de Azeviche	83	Bodas de Begônia
44	Bodas de Carbonato	84	Bodas de Crisântemo
45	Bodas de Rubi	85	Bodas de Girassol
46	Bodas de Alabastro	86	Bodas de Hortênsia
47	Bodas de Jaspe	87	Bodas de Nogueira
48	Bodas de Granito	88	Bodas de Pêra
49	Bodas de Heliotrópio	89	Bodas de Figueira
50	Bodas de Ouro	90	Bodas de Álamo
51	Bodas de Bronze	91	Bodas de Mogno
52	Bodas de Argila	92	Bodas de Cerejeira
53	Bodas de Antimônio	93	Bodas de Imbuia
54	Bodas de Níquel	94	Bodas de Palmeira
55	Bodas de Ametista	95	Bodas de Ipê
56	Bodas de Malaquita	96	Bodas de Oliveira
57	Bodas de Lápis Lazuli	97	Bodas de Abeto
58	Bodas de Vidro	98	Bodas de Pinheiro
59	Bodas de Jade	99	Bodas de Salgueiro
60	Bodas de Diamante	100	Bodas de Jequitibá

TRAJES

Existe muita discrepância entre a terminologia utilizada para designar trajes. Há, portanto, que se usar uma boa dose de bom senso ao se vestir para comparecer a um evento.

Damos, a seguir, algumas sugestões consideradas tradicionais e, por isso, de fácil identificação para a maioria das pessoas.

GALA

Esse tipo de traje é usado somente em eventos extremamente sofisticados, restritos a um grupo privilegiado de pessoas. O homem usa casaca, fraque ou meio fraque, a mulher vestido longo sofisticado e as melhores jóias.

RIGOR OU *BLACK-TIE*

É usado nos eventos formais. A mulher usa vestido longo. O homem usa *smoking* (terno preto com gravata borboleta), *summer-jacket* (branco) ou *dinner-jacket* (branco e azul).

SOCIAL

Não é tão requintado quanto os anteriores, porém tem certa sofisticação. O homem usa terno escuro com gravata. A mulher usa vestidos longuete.

ESPORTE COMPLETO

O homem usa *blaser*, sem gravata.

A mulher usa vestido curto, conjunto de calça ou saia, bijuterias, bolsas grandes, sandálias ou sapatos de meio salto.

ESPORTE

A mulher deve usar vestido, seguindo a tendência da moda, bem como bermuda, saia, sandálias, sapatos baixos, sapatênis ou tênis.

O homem deve usar calça jeans, bermuda, calça de sarja, camisa de manga curta, pólo, camiseta, sapato esporte, mocassim sem meia, tênis ou sandálias.

▪ OBSERVAÇÕES

Os modelos e tecidos da moda devem ser introduzidos a cada um dos tipos de traje mencionados.

Pela manhã e à tarde devem-se usar roupas de tecidos estampados ou lisos, porém à noite os eventos exigem tecidos lisos.

CONVITES

Devem conter os elementos básicos, que são: quem convida, tipo de evento, menção à presença de alguma personalidade, local, data, hora, indicar se é intransferível, pedir confirmação (R.S.V.P.) e indicar o traje.

Os convites formais devem ser entregues com antecedência de dez dias; os menos formais, com oito dias, por meio de entrega direta, ofício ou correio. Os convites formais devem usar o termo "honra" e os menos formais, "prazer".

Para as autoridades, o convite impresso deve ser enviado sempre acompanhado de um ofício.

GOVERNO-SP

O GOVERNADOR DO ESTADO DE SÃO PAULO E SENHORA TÊM A HONRA DE CONVIDAR V. EXCIA. E EXCELENTÍSSIMA FAMÍLIA PARA

....

ÀS .... HORAS DO DIA .... DE JANEIRO DE 0000, NO PALÁCIO DO GOVERNO.

TRAJE Social   R.S.V.P.

> **ABC Cia**
>
> A INDÚSTRIA ABC TEM O PRAZER DE CONVIDÁ-LO PARA A SOLENIDADE DE INAUGURAÇÃO DE SUA SEDE, CUJO EVENTO CONTARÁ COM A PRESENÇA DO EXCELENTÍSSIMO SENHOR CARLOS EDUARDO DE OLIVEIRA SOARES, SECRETÁRIO DA INDÚSTRIA E DO COMÉRCIO DO ESTADO DE SÃO PAULO.
>
> Dia: 00/00/00
> Hora: 10h30
> Local: nononononono
>
> TRAJE:
> Esporte Completo   R.S.V.P.
>   E-mail: abc@......

* Os convites informais são confeccionados em cores e formatos criativos, mantendo os elementos básicos.

ETIQUETA

Com base no cotidiano e nos ensinamentos de Marcelino de Carvalho (1983), apresentamos alguns tópicos importantes sobre etiqueta.

- Apresenta-se sempre a pessoa menos importante à mais importante.
- Apresenta-se um homem a uma mulher, uma pessoa mais nova a uma mais velha.
- Graus são: idade, sexo, posição social ou política.
- Sacerdote quase sempre é quem tem grau superior.
- A pessoa mais importante estende a mão a que lhe foi apresentada ou faz reverência com a cabeça. A pessoa mais importante é quem diz "Como vai". Não se usa mais dizer "Muito prazer".

- Uma mulher nunca se levanta quando é apresentada a outra mulher ou a um homem. Só o faz quando a pessoa a quem é apresentada é de ordem que a obrigue a isso, como chefe de Estado, sacerdote ou pessoa muito mais idosa.
- Quando há um grupo de pessoas reunidas e chega mais uma, o anfitrião deve apresentá-la dizendo seu nome e, de longe, dizer os nomes das pessoas do grupo. Não há necessidade de cumprimentos individuais.
- O homem ou a pessoa mais jovem é quem cumprimenta em primeiro lugar.
- A pessoa mais jovem ou menos importante socialmente não deve parar para cumprimentar.
- No inverno, usando luvas, homens se cumprimentam tirando-as.
- As mulheres não precisam tirá-las.
- Nunca se beija a mão de uma mulher que esteja com luvas.
- Nunca se beija a mão de uma mulher solteira.
- O homem, ao beijar a mão de uma mulher, deve curvar-se, não levantar a mão.
- É bom lembrar que hoje raramente se beija a mão. O mais comum é a troca de beijinhos no rosto entre pessoas mais jovens de ambos os sexos, e um aperto de mão quando jovens cumprimentam mais velhos que não são do seu relacionamento.
- Não se deve estender a mão a uma pessoa doente num hospital.
- No restaurante basta fazer uma saudação com a cabeça.
- Quando ocorre um encontro entre homens, todos se levantam para cumprimentar aquele que chega.
- Se houver no convite as iniciais R.S.V.P., a resposta deve ser dada com até 48 horas de antecedência. Se for possível, deve-se confirmar antes.
- Quando se tratar de um pequeno jantar, ao fazer o convite, comunique quem são os convidados e qual o cardápio.
- Se houver homenageado, os convidados devem chegar quinze minutos antes do horário estabelecido para o início do evento e retirar-se após a saída do homenageado.
- A faca é usada com a mão direita. Deve-se usar o garfo, e não a faca, para cortar alimentos como ovos, macarrão, legumes.
- O uso da colher, quando se toma sopa, é feito pelas laterais e nunca pela ponta.

- O guardanapo é usado aberto ou dobrado em dois, sobre o colo. Após o uso, deixe-o ligeiramente dobrado sobre a mesa.
- A lavanda contém água fria ou morna, com uma fatia de limão, e deve ser usada para remover gorduras, quando se come frango, aspargo ou alcachofra.
- O vinho deve ser servido em jarras. Se for de qualidade, na própria garrafa.
- Nunca se leva o copo à boca sem antes limpar os lábios com o guardanapo.
- Corta-se o peixe com talheres próprios.
- Não se deve cortar o macarrão com a faca.
- A salada deve ser cortada com o garfo ou então se deve dobrar a folha.
- Aspargos comem-se com a mão. Ajudado pelo garfo, corta-se a parte da ponta e os dedos são usados para a parte mais grossa.
- Comem-se alcachofras desfolhando-as com os dedos. Quando chega a vez do fundo, usa-se a faca para raspar os pêlos. Limpo e retirado o fundo, que é o mais saboroso, usa-se o garfo para mergulhar os pedaços no molho.
- Come-se queijo forte colocando-o em pequenos pedaços sobre o pão ou torradas, nunca o levando com a faca ou garfo direto à boca.
- Para compotas usa-se o garfo para os pedaços de fruta e a colher para a calda.
- Laranjas são levadas à mesa descascadas, depois cortadas com a faca e o garfo, deixando o centro da fruta.
- Maçãs e peras são descascadas inteiras, ou cortadas em quatro e depois descascadas.
- Melão e melancia cortam-se os pedaços à medida que os ingere.
- Banana descasca-se em forma de flor.
- Uva, cereja e jabuticaba são comidas com a mão, sendo os caroços devolvidos à mão e só depois ao prato.
- Café pode ser tomado à mesa ou fora dela.
- O último ato de um jantar são os digestivos, licores.
- Paliteiros devem ser colocados no lavabo.
- O marido diz "Minha mulher" e "Sua esposa" ou "Sua senhora".
- A mulher diz "Meu marido" e "Seu esposo".
- Não se diz "Senhora Carla Monteiro Dias", mas sim "Dona Carla Monteiro Dias".

- Diz-se "Senhora Monteiro Dias" ou "Senhora José Monteiro Dias".
- Nunca se diz "Bom dia, dona", mas sim "Bom dia, senhora".
- Não se diz "os José Monteiro Dias", mas sim "os Monteiro Dias".
- À saída e entrada de elevador, a pessoa mais velha ou mulher tem preferência.
- Na rua, o homem fica do lado externo da calçada e carrega os pacotes para a mulher.
- Não se colocam os cotovelos sobre a mesa durante as refeições.
- Não se devem cruzar as pernas, trazendo um dos pés até o joelho, muito menos segurar o sapato ou o tornozelo com a mão. Ao cruzar a perna, deve-se fazê-lo desde o joelho.
- Quando se toma uísque, coloca-se no copo primeiro a dose e depois o gelo. A soda ou a água são acrescentadas por último. Nunca se deve mexer o gelo com os dedos.
- Em uma recepção não se deve esquecer de servir água.
- Ao subir uma escada, o homem vai à frente da mulher, e ao descer fica logo atrás.
- Quando alguém espirrar não diga "Saúde", "Deus te crie" etc., pois quem espirra deve ter seu ato ignorado.
- Não cochile. Não boceje. Não fale ao ouvido de alguém quando estiver em grupo. Não cuspa. Não fale alto. Não gesticule. Não aponte. Não se atrase. Todas essas atitudes são muito deselegantes.
- Ao mencionar as pessoas de um grupo, cite seu nome por último. Só cite o seu nome primeiro se o feito realizado por seu grupo não tiver sido o esperado.
- Não peça ao garçom a receita daquele saboroso prato que você acabou de degustar.
- A mulher nunca acende o cigarro para o homem.
- Não se devem usar jóias junto com bijuterias.
- Durante uma conversa, não fique citando muitas pessoas e autores de prestígio, pois isso poderá ser tomado por pedantismo.
- Não se dobram mais os cartões de visitas para entregar a alguém.
- Convites para casamento devem ser entregues pessoalmente e com trinta dias de antecedência. Para os convidados de outras cidades, coloca-se o convite com envelope dentro de outro envelope maior, e neste último escreve-se o endereço.
- Evite servir camarões nas recepções, pois estes causam mau hálito.
- Nunca recuse vinho. Aperitivos e digestivos podem ser recusados.

- Evite assuntos desagradáveis em reuniões ou à mesa.
- Quando se recebe um presente, este deve ser aberto na frente da pessoa que o deu, e o agradecimento deve vir acompanhado de um elogio.
- É elegante brindar à saúde daqueles com quem se bebe.
- Prenda seu animal de estimação quando receber visitas. Nem todos gostam que ele fique pulando em seu colo.
- Seja elegante com quem lhe presenteia, oferecendo-lhe também um presente quando houver uma ocasião propícia. Caso contrário, você poderá ser cortado de sua lista de presenteáveis.
- Corta-se o pão fatiado ou do *couvert* com as mãos, levando pequenas porções à boca.
- Quando for hábito da casa rezar antes das refeições, acompanhe ou mantenha-se apenas observando.
- Devem-se segurar os copos pela base, sem levantar o dedo mínimo.
- Deve-se segurar o copo de conhaque com as duas mãos para aquecer, ou para mantê-lo aquecido.
- Caso não haja cinzeiros à vista, significa que os anfitriões não querem que os convidados fumem. É falta de elegância pedir que o tragam.
- A azeitona do *couvert* se pega com a mão, devolvendo o caroço ao prato da mesma forma.
- Homem elegante, ao sentar-se à mesa de refeições, fica atento às senhoras que o acompanham para atendê-las.
- Pessoas finas e elegantes são as primeiras a ser notadas.

CAPÍTULO 4

CERIMONIAL PÚBLICO E ORDEM GERAL DE PRECEDÊNCIA[1]

Este assunto, de fundamental importância para quem pretende trabalhar com eventos, sempre é tratado como apêndice nas publicações em que é inserido. Decidimos apresentá-lo neste capítulo dando-lhe um tratamento diferente; assim, o profissional terá em mãos o maior número possível de informações, não havendo, portanto, a necessidade de recorrer a várias fontes ao organizar um evento.

NORMAS DO CERIMONIAL PÚBLICO

PRECEDÊNCIA

O presidente da República sempre presidirá a cerimônia a que comparecer. Os antigos chefes de Estado passarão logo após o presidente do Supremo Tribunal Federal, desde que não exerçam qualquer função pú-

---

1. Extraído do Decreto nº 70.274, de 9 de março de 1972, que aprova as Normas do Cerimonial Público e a Ordem Geral de Precedência. Houve modificação introduzida pelo Decreto nº 83.186, de 19 de fevereiro de 1979.

blica. Nesse caso, a sua precedência será determinada pela função que exercerem no momento.

Não comparecendo o presidente da República, o vice-presidente da República presidirá a cerimônia. Os antigos vice-presidentes da República passarão logo após os antigos chefes de Estado, se não estiverem exercendo qualquer função pública.

Os ministros de Estado presidirão as solenidades promovidas pelos respectivos Ministérios. A precedência entre os ministros de Estado, ainda que interinos, é determinada pelo critério histórico de criação do respectivo Ministério, na seguinte ordem: Justiça; Marinha; Exército; Relações Exteriores; Fazenda; Transportes; Agricultura; Educação e Cultura; Trabalho e Previdência Social; Aeronáutica; Saúde; Indústria e Comércio; Minas e Energia; Planejamento e Coordenação Geral; Interior e Comunicações.

Quando estiverem presentes personalidades estrangeiras, o ministro de Estado das Relações Exteriores terá precedência sobre seus colegas, observando-se critério análogo em relação ao secretário-geral da Política Exterior do Ministério das Relações Exteriores, que terá precedência sobre os chefes dos Estados-Maiores da Armada e do Exército. O exposto não se aplica ao ministro de Estado em cuja jurisdição ocorrer a cerimônia.

Têm honras, prerrogativas e direitos de ministro de Estado o chefe do Gabinete Militar da Presidência da República, o chefe do Gabinete Civil da Presidência da República, o chefe do Serviço Nacional de Informações e o chefe do Estado-Maior das Forças Armadas e, nessa ordem, passarão depois os ministros de Estado.

O consultor-geral da República tem, para efeitos protocolares e de correspondência, o tratamento devido aos ministros de Estado.

Os antigos ministros de Estado, chefes do Gabinete Militar da Presidência da República, chefes de Gabinete Civil da Presidência da República, chefes do Serviço Nacional de Informações e chefes do Estado-Maior das Forças Armadas, que tenham exercido as funções com caráter efetivo, passarão logo após os titulares em exercício, desde que não exerçam qualquer função pública, sendo, nesse caso, a sua precedência determinada pela função que estiverem exercendo.

A precedência entre os diferentes postos e cargos da mesma categoria corresponde à ordem de precedência histórica dos ministérios.

Nas Missões Diplomáticas, os oficiais-generais passarão logo depois do ministro-conselheiro que for substituto do chefe da Missão e os capitães-de-mar-e-guerra, coronéis e coronéis-Aviadores, depois do conselheiro ou do primeiro-secretário que for o substituto do chefe da Missão.

A precedência entre adidos militares será regulada pelo cerimonial militar.

A PRECEDÊNCIA NOS ESTADOS E NO DISTRITO FEDERAL

Nos Estados e no Distrito Federal, o governador presidirá as solenidades a que comparecer, salvo as dos Poderes Legislativo e Judiciário e as de caráter exclusivamente militar, nas quais será observado o respectivo cerimonial.

Quando para as cerimônias militares for convidado o governador, ser-lhe-á dado o lugar de honra.

No respectivo Estado, o governador, o vice-governador, o presidente da Assembléia Legislativa e o presidente do Tribunal da Justiça terão, nessa ordem, precedência sobre as autoridades federais. Tal determinação não se aplica aos presidentes do Congresso Nacional, da Câmara dos Deputados e do Supremo Tribunal Federal, aos ministros de Estado, ao chefe do Gabinete Militar da Presidência da República, ao chefe do Gabinete Civil da Presidência da República, ao chefe do Serviço Nacional de Informações, ao chefe do Estado-Maior das Forças Armadas e ao consultor-geral da República, que passarão logo após o governador.

A precedência entre governadores dos Estados, do Distrito Federal e do Território é determinada pela ordem de constituição histórica dessas entidades, a saber: Bahia, Rio de Janeiro, Maranhão, Pará, Pernambuco, São Paulo, Minas Gerais, Goiás, Mato Grosso, Rio Grande do Sul, Ceará, Paraíba, Espírito Santo, Piauí, Rio Grande do Norte, Santa Catarina, Alagoas, Sergipe, Amazonas, Paraná, Acre, Mato Grosso do Sul, Amapá, Roraima. Tocantins, Distrito Federal e Território de Fernando de Noronha.

A precedência entre membros do Congresso Nacional e membros das Assembléias Legislativas é determinada pela ordem de criação da unidade federativa a que pertençam, e, dentro da unidade, necessariamente, pela data da diplomação ou pela idade.

Nos municípios, o prefeito presidirá as solenidades municipais. Em igualdade de categoria, a precedência, em cerimônias de caráter federal, será a seguinte: os estrangeiros; as autoridades e os funcionários da União; as autoridades e os funcionários estaduais e municipais.

Quando o funcionário de carreira diplomática ou militar da ativa exercer função administrativa civil ou militar, haverá precedência que o beneficiará.

Os inativos passarão logo após os funcionários em serviço ativo de igual categoria, desde que não exerçam qualquer função pública.

A PRECEDÊNCIA DE PERSONALIDADES NACIONAIS E ESTRANGEIRAS

Os cardeais da Igreja Católica, como possíveis sucessores do Papa, têm situação correspondente à dos príncipes herdeiros.

Para a colocação de personalidades nacionais e estrangeiras, sem função oficial, o chefe do Cerimonial levará em consideração a sua posição social, idade, cargos ou funções que ocupem ou tenham desempenhado, ou a sua posição na hierarquia eclesiástica.

O chefe do Cerimonial poderá intercalar entre as altas autoridades da República o Corpo Diplomático e personalidades estrangeiras.

Nos casos omissos, o chefe do Cerimonial, quando solicitado, prestará esclarecimentos de natureza protocolar, bem como determinará a colocação de autoridades e personalidades que não constem da Ordem Geral de Precedência.

AS REPRESENTAÇÕES

Em jantares e almoços, nenhum convidado poderá se fazer representar.

Quando o presidente da República se faz representar em solenidades ou cerimônias, o lugar que compete a seu representante é à direita da autoridade que a presidir.

Do mesmo modo, os representantes do Legislativo e Judiciário, quando membros dos referidos poderes, terão a colocação que compete aos respectivos presidentes.

Nenhum convidado poderá fazer-se representar nas cerimônias a que comparecer o presidente da República.

OS DESFILES

Por ocasião dos desfiles civis ou militares, o presidente da República terá a seu lado os ministros de Estado aos quais estiverem subordinadas as corporações que desfilam.

O HINO NACIONAL

A execução do hino nacional só terá início depois que o Presidente da República houver ocupado o lugar que lhe estiver reservado, salvo nas cerimônias sujeitas a regulamentos especiais.

Nas cerimônias em que se tenha de executar o hino nacional estrangeiro, este precederá, em virtude do princípio de cortesia, o hino nacional brasileiro.

AS HONRAS MILITARES

Além das autoridades especificadas no cerimonial militar, serão prestadas honras militares aos embaixadores e ministros plenipotenciários que vierem a falecer no exercício de suas funções no exterior.

O Governo pode determinar que honras militares sejam excepcionalmente prestadas a outras autoridades.

A POSSE DO PRESIDENTE DA REPÚBLICA

O presidente da República eleito, tendo à sua esquerda o vice-presidente e, à sua frente, o chefe do Gabinete Militar e o chefe do Gabinete Civil, se dirigirá, em carro do Estado, ao Palácio do Congresso Nacional, a fim de prestar o compromisso constitucional.

Compete ao Congresso Nacional organizar a cerimônia do compromisso constitucional. O chefe do Cerimonial receberá do presidente do Congresso esclarecimentos sobre a cerimônia, bem como sobre a participação nesta das missões especiais e do corpo diplomático.

Prestado o compromisso, o presidente da República, com os seus acompanhantes, deixará o Palácio do Congresso dirigindo-se para o Palácio do Planalto.

O presidente da República será recebido, à porta principal do Planalto, pelo presidente cujo mandato findou. Estarão presentes os integrantes do antigo Ministério, bem como os chefes do Gabinete Militar, Civil, Serviço Nacional de Informações e Estado-Maior das Forças Armadas. Estarão igualmente presentes os componentes do futuro Ministério, bem como os novos chefes do Serviço Nacional de Informação e do Estado-Maior das Forças Armadas.

Após os cumprimentos, ambos os presidentes, acompanhados pelos vice-presidentes, chefes do Gabinete Militar e chefes do Gabinete Civil, encaminhar-se-ão para o gabinete presidencial e dali para o local onde o presidente da República receberá de seu antecessor a faixa presidencial.

Em seguida, o presidente da República conduzirá o ex-presidente até a porta principal do Palácio do Planalto.

Feitas as despedidas, o ex-presidente será acompanhado até sua residência ou ponto de embarque pelo chefe do Gabinete Militar e por um ajudante-de-ordens ou oficial de Gabinete do presidente da República empossado.

Caberá ao chefe do Cerimonial planejar e executar as cerimônias da posse presidencial.

A NOMEAÇÃO DOS MINISTROS DE ESTADO, MEMBROS DOS GABINETES CIVIL E MILITAR DA PRESIDÊNCIA DA REPÚBLICA E CHEFES DO SERVIÇO NACIONAL DE INFORMAÇÕES E DO ESTADO-MAIOR DAS FORÇAS ARMADAS

Os decretos de nomeação dos novos ministros de Estado, do chefe do Gabinete Militar da Presidência da República, do chefe do Gabinete Civil da Presidência da República, do chefe do Serviço Nacional de Informações e do chefe do Estado-Maior das Forças Armadas serão assinados no Salão de Despachos.

O primeiro decreto a ser assinado será o de nomeação do ministro de Estado da Justiça, a quem caberá referendar os decretos de nomeação dos demais ministros de Estado, do chefe do Gabinete Militar da Presidência da República, do chefe do Gabinete Civil da Presidência da República, do chefe do Serviço Nacional de Informações e do chefe do Estado-Maior das Forças Armadas.

Compete ao chefe do Cerimonial da Presidência da República organizar essa cerimônia.

OS CUMPRIMENTOS

No mesmo dia, o presidente da República receberá, em audiência solene, as missões especiais estrangeiras que houverem sido designadas para a sua posse.

Logo depois, ele receberá os cumprimentos das altas autoridades da República, que para esse fim houverem previamente se inscrito.

A RECEPÇÃO

À noite, o presidente da República recepcionará, no Palácio do Itamaraty, as missões especiais estrangeiras e altas autoridades da República.

A COMUNICAÇÃO DE POSSE DO PRESIDENTE DA REPÚBLICA

O presidente da República enviará cartas de Chancelaria aos chefes de Estado dos países com os quais o Brasil mantém relações diplomáticas, comunicando-lhes sua posse.

As referidas cartas serão preparadas pelo Ministério das Relações Exteriores.

O Ministério da Justiça comunicará a posse do presidente da República aos governadores dos Estados da União, do Distrito Federal e do Território e ao Ministro das Relações Exteriores, às missões diplomáticas e repartições consulares de carreira brasileiras no exterior, bem como às missões brasileiras em organismos internacionais.

O TRAJE

O traje das cerimônias de posse será estabelecido pelo chefe do Cerimonial, após consulta ao presidente da República.

A TRANSMISSÃO TEMPORÁRIA DO PODER

A transmissão temporária do poder, por motivo de impedimento do presidente da República, se realizará no Palácio do Planalto, sem solenidades, perante seus substitutos eventuais, os ministros de Estado, o chefe do Gabinete Militar da Presidência da República, o chefe do Gabinete Civil da Presidência da República, o chefe do Serviço Nacional de Informações, o chefe do Estado-Maior das Forças Armadas e os demais membros dos Gabinetes Militar e Civil da Presidência da República.

AS VISITAS DO PRESIDENTE DA REPÚBLICA E SEU COMPARECIMENTO A SOLENIDADES OFICIAIS

O presidente da República não retribui pessoalmente visitas, exceto as de chefes de Estado. Quando o presidente da República comparecer, em caráter oficial, a festa e solenidades, ou fizer qualquer visita, o programa será submetido à sua aprovação, por intermédio do chefe do Cerimonial da Presidência da República.

AS CERIMÔNIAS DA PRESIDÊNCIA DA REPÚBLICA

Os convites para as cerimônias da Presidência da República serão feitos por intermédio do cerimonial do Ministério das Relações Exteriores ou do cerimonial da Presidência da República, conforme o local onde estas se realizarem.

Os cartões de convite do presidente da República terão as Armas Nacionais gravadas a ouro, prerrogativa essa que se estende exclusivamente aos embaixadores extraordinários e plenipotenciários do Brasil no exterior.

A FAIXA PRESIDENCIAL

Nas cerimônias oficiais para as quais se exijam casaca ou primeiro uniforme, o presidente da República usará, sobre o colete da casaca ou sobre o uniforme, a faixa presidencial.

Na presença de chefe de Estado, o presidente da República poderá substituir a faixa presidencial por condecorações do referido Estado.

AS AUDIÊNCIAS

As audiências dos chefes de Missão Diplomática com o presidente da República serão solicitadas por intermédio do cerimonial do Ministério das Relações Exteriores.

O cerimonial do Ministério das Relações Exteriores encaminhará também, em caráter excepcional, pedidos de audiência formulados por altas personalidades estrangeiras.

LIVRO DE VISITAS

Haverá, permanentemente, no Palácio do Planalto, livro destinado a receber as assinaturas das pessoas que forem levar cumprimentos ao presidente da República e à primeira-dama.

AS DATAS NACIONAIS

No dia 7 de setembro, o chefe do Cerimonial da Presidência, acompanhado de um dos ajudantes-de-ordens do presidente da República, receberá os chefes de Missão Diplomática que desejarem deixar registrados, no livro existente para esse fim, seus cumprimentos ao chefe do Governo.

O cerimonial do Ministério das Relações Exteriores notificará, com antecedência, os chefes de Missão Diplomática sobre o horário que houver sido fixado para esse ato.

Os cumprimentos ao presidente da República e ao ministro das Relações Exteriores pelo dia da Festa Nacional dos países com os quais o Brasil mantém relações diplomáticas serão enviados por intermédio do I Cerimonial do Ministério das Relações Exteriores.

AS VISITAS OFICIAIS

Quando o presidente da República visitar oficialmente um Estado ou território da Federação, competirá à Presidência da República, em entendimento com as autoridades locais, coordenar o planejamento e a execução da visita, observando-se o seguinte cerimonial:

- O presidente da República será recebido, no local da chegada, pelo governador do Estado ou do Território e por um oficial-general de cada Ministério Militar, de acordo com o cerimonial militar.
- Após as honras militares, o governador apresentará ao presidente da República as autoridades presentes.
- Havendo conveniência, as autoridades civis, eclesiásticas e militares poderão ser formadas separadamente.
- Deverão comparecer à chegada do presidente da República, o vice-governador do Estado, o presidente da Assembléia Legislativa, o presidente do Tribunal de Justiça, o secretário de Governo e o prefeito Municipal.
- Ao Gabinete Militar da Presidência da República, ouvido o cerimonial da Presidência da República, competirá organizar o cortejo de automóveis da comitiva presidencial, bem como o das autoridades.
- As autoridades estaduais encarregar-se-ão de organizar o cortejo de automóveis das demais autoridades presentes no desembarque presidencial.

- O presidente da República tomará o carro do Estado, tendo à sua esquerda o chefe do Poder Executivo Estadual e, à frente, seu ajudante-de-ordens.
- Haverá, no Palácio do Governo, um livro onde se inscreverão as pessoas que forem visitar o chefe de Estado. Por ocasião da partida do presidente da República, observar-se-á procedimento análogo ao da chegada. Quando indicado por circunstâncias especiais da visita, a Presidência da República dispensará ou reduzirá o cerimonial.
- Caberá ao cerimonial do Ministério das Relações Exteriores elaborar o projeto do programa das visitas oficiais do presidente da República e do ministro de Estado das Relações Exteriores ao estrangeiro.
- Quando em visita oficial a um território, o vice-presidente da República, o presidente do Congresso Nacional, o presidente da Câmara dos Deputados e o presidente do Supremo Tribunal Federal serão recebidos, à chegada, pelo governador, conforme o caso, pelo vice-governador, pelo presidente do Poder Legislativo ou pelo presidente do Poder Judiciário estadual.
- A comunicação de visitas oficiais de chefes de Missões Diplomáticas creditados com o Governo brasileiro, os estados da União e o território deverá ser feita aos respectivos cerimoniais pelo Cerimonial do Ministério das Relações Exteriores, que também fornecerá os elementos do programa a ser elaborado.
- O governador do Estado ou Território far-se-á representar à chegada do chefe de Missão Diplomática estrangeira em visita oficial.
- O chefe de Missão Diplomática estrangeira, quando em viagem oficial, visitará o governador, o vice-governador, os presidentes da Assembléia Legislativa e do Tribunal de Justiça e demais autoridades que desejar.

AS VISITAS DE CHEFES DE ESTADO ESTRANGEIRO

As visitas de chefes de Estado estrangeiro ao Brasil começarão oficialmente, sempre que possível, na Capital Federal. Ali, a visita oficial do chefe de Estado estrangeiro ao Brasil iniciar-se-á com o recebimento do visitante pelo presidente da República. Comparecerão ao desembarque as seguintes autoridades: vice-presidente da República, decano do Corpo Diplomático, chefe da Missão do país do visitante, ministros de Estado, chefe do Gabinete Militar da Presidência da República, chefe do

Gabinete Civil da Presidência da República, chefe do Serviço Nacional de Informações, chefe do Estado-Maior das Forças Armadas, governador do Distrito Federal, secretário-geral de Política Exterior do Ministério das Relações Exteriores, chefes dos Estados-Maiores da Armada, do Exército e da Aeronáutica, comandante Naval de Brasília, comandante Militar do Planalto, secretário-geral adjunto para Assuntos que incluem os do país visitante, Comandante da VI Zona Aérea, diretor-geral do Departamento de Polícia Federal, chefe da Divisão Política que trata de assuntos do país do visitante, além de todos os acompanhantes brasileiros do visitante, chefe do Cerimonial da Presidência da República, membros da comitiva e funcionários diplomáticos da Missão do país do visitante.

Vindo o chefe do Estado acompanhado de sua senhora, o presidente da República e as autoridades acima far-se-ão acompanhar das respectivas senhoras.

Nas visitas aos Estados e Território, será o chefe de Estado estrangeiro recebido, no local de desembarque, pelo governador, pelo vice-governador, pelos presidentes da Assembléia Legislativa e do Tribunal de Justiça, pelo prefeito Municipal e pelas autoridades militares mencionadas no caso do presidente da República, além do decano do Corpo Consular, do Cônsul do país do visitante e das altas autoridades civis e militares especialmente convidadas.

A CHEGADA DOS CHEFES DE MISSÃO DIPLOMÁTICA E A ENTREGA DE CREDENCIAIS

Ao chegar ao aeroporto da Capital Federal, o novo chefe de Missão será recebido pelo introdutor diplomático do Ministro de Estado das Relações Exteriores. O encarregado de Negócios pedirá, ao cerimonial do Ministério das Relações Exteriores, dia e hora para a primeira visita do novo chefe de missão ao ministro de Estado das Relações Exteriores.

Ao visitar o ministro de Estado das Relações Exteriores, o novo chefe de Missão solicitará a audiência de estilo com o presidente da República para a entrega de suas credenciais e, se for o caso, da revocatória de seu antecessor. Nessa visita, o novo chefe de Missão deixará em mãos do ministro de Estado a cópia figurada das credenciais.

Após a primeira audiência com o ministro de Estado das Relações Exteriores, o novo chefe de Missão visitará, em data marcada pelo cerimonial do Ministério das Relações Exteriores, o secretário-geral de Política Exterior, o secretário-geral adjunto da área do país que representa e outros chefes de Departamentos.

Por intermédio do cerimonial do Ministério das Relações Exteriores, o novo chefe de Missão solicitará data para visitar o vice-presidente da República, o presidente do Congresso Nacional, o presidente da Câmara dos Deputados, o presidente do Supremo Tribunal Federal, os ministros de Estado e o governador do Distrito Federal. Poderão ser marcadas audiências com outras altas autoridades federais.

No dia e hora marcados para a audiência solene com o presidente da República, o introdutor diplomático conduzirá, em carro do Estado, o novo chefe de Missão de sua residência até o Palácio do Planalto. Serão, igualmente, postos à disposição dos membros da Missão Diplomática carros do Estado.

Dirigindo-se ao Palácio Presidencial, os carros dos membros da Missão Diplomática precederão o do chefe de Missão.

O chefe de Missão subirá a rampa, tendo à direita o introdutor diplomático e, à esquerda, o membro mais antigo de sua Missão; os demais membros da Missão serão dispostos em grupos de três, atrás dos primeiros.

À porta do Palácio Presidencial, o chefe de Missão será recebido pelo chefe do Cerimonial da Presidência da República e por um ajudante-de-ordens do presidente da República, os quais o conduzirão ao Salão Nobre.

Em seguida, o chefe de Cerimonial da Presidência da República entrará, sozinho, no Salão de Credenciais, onde estará o presidente da República, ladeado, à direita, pelo chefe do Gabinete Militar da Presidência da República, e, à esquerda, pelo ministro de Estado das Relações Exteriores e pelo chefe do Gabinete Civil da Presidência da República, e pedirá permissão para introduzir o novo Chefe de Missão.

Quando o chefe de Missão for embaixador, os membros dos Gabinetes Militar e Civil da Presidência da República estarão presentes e serão colocados, respectivamente, por ordem de precedência, à direita e à esquerda do Salão de Credenciais.

Quando o chefe de Missão for enviado extraordinário e ministro plenipotenciário, estarão presentes somente as autoridades mencionadas no caso de solicitação de visita ao vice-presidente e outros.

Ladeado, à direita, pelo chefe do Cerimonial da Presidência e, à esquerda, pelo ajudante-de-ordens do presidente da República, o chefe de Missão penetrará no recinto, seguido do introdutor diplomático e dos membros da Missão. À entrada do Salão de Credenciais, deter-se-á para saudar o presidente da República com leve inclinação de cabeça.

Aproximando-se do ponto em que se encontra o presidente da República, o chefe de Missão, ao deter-se, fará nova saudação, após o que o chefe do Cerimonial da Presidência da República se adiantará e fará a necessária apresentação. Em seguida, o chefe de Missão apresentará as cartas credenciais ao presidente da República, que as passará às mãos do ministro de Estado das Relações Exteriores. Não haverá discursos.

O presidente da República convidará o chefe de Missão a sentar-se e com ele conversar.

Terminada a palestra por iniciativa do presidente da República, o chefe de Missão cumprimentará o ministro de Estado das Relações Exteriores e será apresentado pelo presidente da República aos chefes dos Gabinetes Militar e Civil da Presidência da República.

Em seguida, o chefe de Missão apresentará o pessoal de sua comitiva; cada um dos membros da Missão se adiantará, será apresentado e voltará à posição anterior.

Findas as apresentações, o Chefe de Missão se despedirá do presidente da República e se retirará precedido pelos membros da Missão e pelo introdutor diplomático e acompanhado do chefe do Cerimonial da Presidência e do ajudante-de-ordens do presidente da República. Parando no fim do salão, todos se voltarão para cumprimentar o presidente da República com novo aceno de cabeça.

Quando chegar ao topo da rampa, ouvir-se-ão os dois hinos nacionais.

O chefe de Missão, o chefe do Cerimonial da Presidência e o ajudante-de-ordens do presidente da República descerão a rampa, dirigindo-se à testa da Guarda de Honra onde se encontra o comandante, que convidará o chefe de Missão a passá-la em revista. O chefe do Cerimonial da Presidência e o ajudante-de-ordens do presidente da República passarão por trás da guarda de honra, enquanto os membros da Missão e o introdutor diplomático se encaminharão para o segundo automóvel.

O chefe de Missão, ao passar em revista a Guarda de Honra, cumprimentará com a cabeça a bandeira nacional, conduzida pela tropa, e despedir-se-á do comandante, na cauda da Guarda de Honra, sem apertar-lhe a mão.

Terminada a cerimônia, o chefe de Missão se despedirá do chefe de Cerimonial da Presidência e do ajudante-de-ordens do presidente da República, entrando no primeiro automóvel, que o conduzirá, na frente do cortejo, à sua residência, onde cessam as funções do introdutor diplomático.

O chefe do Cerimonial da Presidência da República fixará o traje para a cerimônia da apresentação de cartas credenciais, após consulta ao presidente da República.

O *Diário Oficial* publicará a notícia da apresentação de cartas credenciais.

Os encarregados de Negócios serão recebidos pelo ministro de Estado das Relações Exteriores em audiência, na qual farão entrega das cartas de Gabinete, que os creditam.

O novo chefe de Missão solicitará, por intermédio do cerimonial do Ministério das Relações Exteriores da República, que sejam marcados dia e hora para que a sua esposa visite a primeira-dama, não estando essa visita sujeita a protocolo especial.

O FALECIMENTO DO PRESIDENTE DA REPÚBLICA

Falecendo o presidente da República, o seu substituto legal, logo que assumir o cargo, assinará decreto de luto por oito dias.

O Ministério da Justiça fará as necessárias comunicações aos governadores dos Estados da União, do Distrito Federal e do Território, para ser executado o decreto de luto, encerrado o expediente nas repartições públicas e fechado o comércio no dia do funeral.

O cerimonial do Ministério das Relações Exteriores fará as devidas comunicações às Missões Diplomáticas creditadas com o Governo brasileiro, as Missões Diplomáticas e repartições consulares de carreira brasileiras no exterior e as Missões brasileiras com organismos internacionais.

O chefe do Cerimonial da Presidência da República providenciará a ornamentação fúnebre do Salão de Honra do Palácio Presidencial, transformando-o em câmara ardente.

AS HONRAS FÚNEBRES

O chefe do Cerimonial coordenará a execução das cerimônias fúnebres.

As honras fúnebres serão prestadas de acordo com o cerimonial militar.

Transportado o corpo para a câmara ardente, terá início a visitação oficial e pública, de acordo com o que for determinado pelo cerimonial do Ministério das Relações Exteriores.

O FUNERAL

As cerimônias religiosas serão realizadas na câmara ardente por ministro da religião do presidente falecido, depois de terminada a visitação pública.

Em dia e hora marcados para o funeral, em presença de chefes de Estado estrangeiros, dos chefes dos Poderes da Nação, do decano do Corpo Diplomático, dos representantes especiais dos chefes de Estado estrangeiros designados para as cerimônias e das altas autoridades da República, o presidente da República em exercício fechará a urna funerária.

A seguir, o chefe do Gabinete Militar da Presidência da República e o Chefe do Gabinete Civil da Presidência da República cobrirão a urna com o Pavilhão Nacional.

A urna funerária será conduzida da câmara ardente para a carreta por praças das Forças Armadas.

A ESCOLTA

A escolta será constituída de acordo com o cerimonial militar.

O CORTEJO

Até a entrada do cemitério, o cortejo será organizado da seguinte forma:

- carreta funerária;
- carro do ministro da religião do finado (se assim for a vontade da família);
- carro do presidente da República em exercício;
- carro da família;
- carros de chefes de Estado estrangeiros;
- carro do decano do Corpo Diplomático;
- carro do presidente do Congresso Nacional;
- carro do presidente da Câmara dos Deputados;
- carro do presidente do Supremo Tribunal Federal;
- carros dos representantes especiais dos chefes de Estado estrangeiros designados para as cerimônias;
- carro do ministro de Estado das Relações Exteriores;
- carros dos demais ministros de Estado;

- carros dos chefes dos Gabinetes Militar e Civil da Presidência da República, do chefe do Estado-Maior das Forças Armadas;
- carros dos governadores do Distrito Federal, dos Estados da União e do Território;
- carros dos membros dos Gabinetes Militar e Civil da Presidência da República.

Ao chegar ao cemitério, os acompanhantes deixarão seus automóveis e farão o cortejo a pé. A urna será retirada da carreta por praças das Forças Armadas que a levarão ao local do sepultamento.

Aguardarão o féretro, próximos à sepultura, os chefes de Missão Diplomática creditados com o Governo brasileiro e altas autoridades civis e militares, que serão colocados segundo a ordem geral de precedência, pelo chefe de Cerimonial.

O traje será previamente indicado pelo chefe de Cerimonial. Realizando-se o sepultamento fora da capital da República, o mesmo cerimonial será observado até o ponto de embarque do féretro.

Acompanharão os despojos autoridades especialmente indicadas pelo Governo Federal, cabendo ao Governo do Estado da União ou do Território, onde vier a ser efetuado o sepultamento, realizar o funeral com a colaboração das autoridades federais.

O FALECIMENTO DE AUTORIDADES

No caso de falecimento de autoridades civis ou militares, o Governo poderá decretar as honras fúnebres a serem prestadas, não devendo o prazo de luto ultrapassar três dias.

O FALECIMENTO DE CHEFE DE ESTADO ESTRANGEIRO

Falecendo o chefe de Estado de um país com representação diplomática no Brasil e recebida pelo ministro de Estado das Relações Exteriores a comunicação oficial desse fato, o presidente da República apresentará pêsames ao chefe da Missão por intermédio do chefe do Cerimonial da Presidência da República.

O cerimonial do Ministério das Relações Exteriores providenciará para que sejam enviadas mensagens telegráficas de pêsames, em nome da Presidência da República, ao sucessor e à família do falecido. O ministro de Estado das Relações Exteriores enviará pêsames por telegrama ao ministro das Relações Exteriores do referido país e visitará, por intermédio do introdutor diplomático, o chefe de Missão.

O chefe da Missão brasileira creditado no país enlutado apresentará as condolências em nome do Governo e associar-se-á às manifestações de pesar que nele se realizarem. A critério do presidente da República, poderá ser igualmente designado um representante especial ou uma Missão Extraordinária para assistir às exéquias.

O decreto de luto oficial será assinado na Pasta da Justiça, a qual fará as competentes comunicações aos governadores de Estado da União e do Território. O Ministério das Relações Exteriores fará a devida comunicação às Missões Diplomáticas brasileiras no exterior.

A Missão Diplomática brasileira no país do chefe de Estado falecido poderá hastear a bandeira nacional a meio pau, independentemente do recebimento de comunicação.

O FALECIMENTO DO CHEFE DE MISSÃO DIPLOMÁTICA ESTRANGEIRA

Falecendo no Brasil um chefe de Missão Diplomática creditado com o Governo brasileiro, o Ministério das Relações Exteriores comunicará o fato, por telegrama, ao representante diplomático brasileiro no país do finado, instruindo-o a apresentar pêsames ao respectivo Governo. O chefe do Cerimonial acertará com o decano do Corpo Diplomático e com o substituto imediato do falecido as providências relativas ao funeral.

Achando-se no Brasil a família do finado, o chefe do Cerimonial da Presidência da República e o introdutor diplomático deixarão em sua residência cartões de pêsames em nome, respectivamente, do presidente da República e do ministro de Estado das Relações Exteriores.

Quando o chefe de Missão for embaixador, o presidente da República comparecerá à câmara mortuária ou enviará representante.

À saída do féretro, estarão presentes o representante do presidente da República, os chefes das Missões Diplomáticas estrangeiras, o ministro de Estado das Relações Exteriores e o chefe do Cerimonial.

O caixão será transportado para o carro fúnebre por praças das Forças Armadas.

O cortejo obedecerá à seguinte precedência:

- escolta fúnebre;
- carro fúnebre;

- carro do ministro da religião do finado;
- carro da família;
- carro do representante do presidente da República;
- carro do decano do Corpo Diplomático;
- carros dos embaixadores estrangeiros creditados perante o Presidente da República;
- carros dos ministros de Estado;
- carros dos enviados extraordinários e ministros plenipotenciários creditados com o Governo brasileiro;
- carro do substituto do chefe de Missão falecido;
- carros dos encarregados de Negócios Estrangeiros;
- carro do pessoal da missão diplomática estrangeira enlutada.

O traje da cerimônia será fixado pelo chefe do Cerimonial.

Quando o chefe de Missão diplomática não for sepultado no Brasil, o ministro das Relações Exteriores, com anuência da família do finado, mandará celebrar ofício religioso, para o qual serão convidados os chefes de Missão Diplomática creditados com o Governo brasileiro e altas autoridades da República.

As honras fúnebres serão prestadas de acordo com o cerimonial militar.

Quando falecer no exterior um chefe de Missão Diplomática creditado no Brasil, o presidente da República e o ministro das Relações Exteriores enviarão, por intermédio do cerimonial do Ministério das Relações Exteriores, mensagens telegráficas de pêsames, respectivamente, ao chefe de Estado e ao ministro das Relações Exteriores do país do finado, e instruções telegráficas ao representante diplomático nele creditado para apresentar, em nome do Governo brasileiro, condolências à família enlutada. O introdutor diplomático, em nome do ministro de Estado das Relações Exteriores, apresentará pêsames ao encarregado de Negócios do mesmo país.

AS CONDECORAÇÕES

Em solenidades promovidas pelo Governo da União só poderão ser usadas condecorações e medalhas conferidas pelo Governo Federal, ou condecorações e medalhas conferidas por governos estrangeiros.

Os militares usarão as condecorações estabelecidas pelos regulamentos de cada Força Armada.

ORDEM GERAL DE PRECEDÊNCIA

A ordem de precedência nas cerimônias oficiais de caráter federal, na capital da República, será a seguinte:

1. Presidente da República
2. Vice-Presidente da República
   Cardeais
   Embaixadores estrangeiros
3. Presidente do Congresso Nacional
   Presidente da Câmara de Deputados
   Presidente do Supremo Tribunal Federal
4. Ministros de Estado
   Chefe do Gabinete Militar da Presidência da República
   Chefe do Gabinete Civil da Presidência da República
   Chefe do Serviço Nacional de Informações
   Chefe do Estado-Maior das Forças Armadas
   Consultor-Geral da República
   Enviados Extraordinários e Ministros Plenipotenciários estrangeiros
   Presidente do Tribunal Superior Eleitoral
   Ministros do Supremo Tribunal Federal
   Procurador-Geral da República
   Governador do Distrito Federal
   Governadores dos Estados da União
   Senadores
   Deputados Federais
   Almirantes
   Marechais
   Marechais-do-Ar
   Chefe do Estado-Maior da Armada
   Chefe do Estado-Maior do Exército
   Secretário-Geral de Política Exterior
   Chefe do Estado-Maior da Aeronáutica
5. Almirante-de-Esquadra
   Generais-de-Exército

Embaixadores Extraordinários e Plenipotenciários (Ministros de 1ª classe)
Tenentes-Brigadeiros
Presidente do Tribunal Federal de Recursos
Presidente do Superior Tribunal Militar
Presidente do Tribunal Superior do Trabalho
Ministros do Tribunal Superior Eleitoral
Encarregados de Negócios Estrangeiros
6. Ministros do Tribunal Federal de Recursos
Ministros do Superior Tribunal Militar
Ministros do Tribunal Superior do Trabalho
Vice-Almirantes
Generais de Divisão
Embaixadores (Ministros de 1ª classe)
Majores Brigadeiros
Chefes de Igreja sediados no Brasil
Arcebispos católicos ou equivalente de outras religiões
Presidente do Tribunal de Justiça do Distrito Federal
Presidente do Tribunal de Contas da União
Presidente do Tribunal Marítimo
Diretores Gerais das Secretarias do Senado Federal e da Câmara dos Deputados
Procuradores Gerais da Justiça Militar do Trabalho e do Tribunal de Contas da União
Secretários Gerais dos Ministérios
Reitores das Universidades Federais
Diretor Geral do Departamento de Polícia Federal
Presidente do Banco Central do Brasil
Presidente do Banco do Brasil
Presidente do Banco Nacional de Desenvolvimento Econômico e Social
Secretário da Receita Federal
Ministros do Tribunal de Contas da União
Juízes do Tribunal Superior do Trabalho
Subprocuradores Gerais da República
Personalidades inscritas no Livro do Mérito
Prefeitos das cidades com mais de um milhão de habitantes

Presidente da Caixa Econômica Federal
Ministros-Conselheiros estrangeiros
Adidos Militares estrangeiros
(Oficiais-Generais)
7. Contra-Almirantes
Generais-de-Brigada
Embaixadores Comissionados ou Ministros de 2ª classe
Brigadeiros
Vice-Governadores da União
Presidentes das Assembléias Legislativas dos Estados da União
Presidentes dos Tribunais de Justiça dos Estados da União
Diretor-Geral do Departamento Administrativo do Pessoal Civil
Chefe do Gabinete da Vice-Presidência da República
Subchefes dos Gabinetes Militar e Civil da Presidência da República.
Assessor-Chefe da Assessoria Especial da Presidência da República.
Assessor-Chefe da Assessoria Especial de Relações Públicas da Presidência da República
Assistente-Secretário do chefe do Gabinete Militar da Presidência da República
Secretários particulares do presidente da República
Chefe do Cerimonial da Presidência da República
Secretários de Imprensa da Presidência da República
Diretor-Geral da Agência Nacional
Presidente da Central de Medicamentos
Chefe do Gabinete da Secretaria-Geral do Conselho de Segurança Nacional
Chefe do Gabinete do Serviço Nacional de Informações
Chefe do Gabinete do Estado-Maior das Forças Armadas Chefe da Agência Central do Serviço Nacional de Informações Chefes dos Gabinetes dos Ministros de Estado
Presidente do Conselho Nacional de Pesquisas
Presidente do Conselho Federal de Educação
Presidente do Conselho Federal de Cultura
Governador do Território
Chanceler da Ordem Nacional do Mérito

Presidente da Academia Brasileira de Letras
Presidente da Academia Brasileira de Ciências
Presidente da Associação Brasileira de Imprensa
Diretores de Gabinete Civil da Presidência da República
Diretores-Gerais de Departamentos dos Ministérios Superintendentes de Órgãos Federais
Presidente dos Institutos e Fundações Nacionais
Presidentes dos Conselhos e Comissões Federais
Presidentes das Entidades Autárquicas, Sociedades de Economia Mista e Empresas Públicas de âmbito nacional
Presidentes dos Tribunais Regionais Eleitorais
Presidentes dos Tribunais Regionais do Trabalho
Presidentes dos Tribunais de Contas do Distrito Federal e dos Estados da União
Presidentes dos Tribunais de Alçada dos Estados da União
Reitores de Universidades Estaduais e Particulares
Membros do Conselho Nacional de Pesquisas
Membros do Conselho Federal de Cultura
Secretários de Estado do Governo do Distrito Federal
Bispos católicos ou equivalentes de outras religiões
Conselheiros estrangeiros
Cônsules-Gerais estrangeiros
Adidos e Adjuntos Militares estrangeiros (Capitães-de-Mar-e-Guerra e Coronéis)

8. Presidentes das Confederações Patronais e de Trabalhadores de âmbito nacional
   Consultores Jurídicos dos Ministérios
   Membros da Academia Brasileira de Letras
   Membros da Academia Brasileira de Ciências
   Diretores do Banco Central do Brasil
   Diretores do Banco do Brasil
   Diretores do Banco Nacional de Desenvolvimento Econômico e Social
   Capitães-de-Mar-e-Guerra
   Coronéis do Exército
   Conselheiros
   Coronéis da Aeronáutica

Secretários de Estado dos Governos dos Estados da União e Deputados Estaduais
Chefes das Casas Militares de Governadores
Chefes das Casas Civis de Governadores
Comandantes das Polícias Militares
Desembargadores dos Tribunais de Justiça do Distrito Federal e dos Estados da União
Adjuntos dos Gabinetes Militar (Tenentes-Coronéis) e Civil da Presidência da República
Procuradores Gerais do Distrito Federal e dos Estados da União
Prefeitos das capitais dos Estados e das cidades com mais de quinhentos mil habitantes
Primeiros Secretários Estrangeiros
Procuradores da República nos Estados da União
Consultores-Gerais do Distrito Federal e dos Estados da União
Juízes do Tribunal
Juízes dos Tribunais Regionais Eleitorais
Juízes dos Tribunais Regionais do Trabalho
Presidentes das Câmaras Municipais das cidades de mais de um milhão de habitantes
Adidos e Adjuntos Militares estrangeiros (Capitães-de-Fragata e Tenentes-Coronéis)

9. Juízes dos Tribunais de Contas do Distrito Federal e dos Estados da União
Juízes dos Tribunais de Alçada dos Estados da União
Delegados dos Ministérios nos Estados da União
Presidentes dos Institutos e Fundações Regionais e Estaduais
Presidentes das Entidades Autárquicas, Sociedades de Economia Mista e Empresas Públicas de âmbito nacional nos Estados
Monsenhores católicos ou equivalentes de outras religiões
Capitães-de-Fragata
Tenentes-Coronéis do Exército
Primeiros Secretários
Tenentes-Coronéis da Aeronáutica
Ajudantes-de-Ordens do presidente da República (Majores)
Adjuntos do Gabinete Militar da Presidência da República (Majores)

Adjuntos dos Serviços do Gabinete Militar da Presidência da República (Majores)
Presidente das Federações Patronais de Trabalhadores de âmbito regional ou estadual
Presidente das Câmaras Municipais das Capitais dos Estados da União e das cidades com mais de quinhentos mil habitantes
Juízes de Direito
Procuradores Regionais do Trabalho
Diretores de Repartições Públicas
Auditores da Justiça Militar
Auditores do Tribunal de Contas
Promotores Públicos
Procuradores Adjuntos da República
Diretores das Faculdades Estaduais e Particulares
Segundos Secretários
Cônsules Estrangeiros
Adidos e Adjuntos Militares estrangeiros (Capitães-de-Corveta e Majores)

10. Oficiais de Gabinete Civil da Presidência da República
Chefes de Departamento das Universidades Federais
Diretores de Divisão dos Ministérios
Prefeitos das cidades com mais de cem mil habitantes
Capitães-de-Corveta
Majores do Exército
Segundos Secretários
Majores da Aeronáutica
Ajudantes-de-Ordens do presidente da República (Capitães)
Adjuntos dos Serviços do Gabinete Militar da Presidência da República (Capitães)
Secretários-Gerais dos Territórios
Diretores de Departamentos das Secretarias do Distrito Federal e dos Estados da União
Presidente dos Conselhos Estaduais
Chefes de Departamento das Universidades Estaduais e Particulares
Presidentes das Câmaras Municipais das cidades com mais de cem mil habitantes

Terceiros Secretários Estrangeiros
Adidos e Adjuntos Militares estrangeiros (Capitães-Tenentes e Capitães)
11. Professores de Universidades
Prefeitos Municipais
Cônegos católicos ou equivalentes de outras religiões
Capitães-Tenentes
Capitães de Exército
Terceiros Secretários Capitães de Aeronáutica
Presidentes das Câmaras Municipais
Diretores de Repartições do Distrito Federal, dos Estados da União e Territórios
Diretores de Escolas de ensino secundário
Vereadores Municipais

ORDEM DE PRECEDÊNCIA NAS CERIMÔNIAS OFICIAIS, NOS ESTADOS DA UNIÃO, COM A PRESENÇA DE AUTORIDADES FEDERAIS:

1. Presidente da República
2. Vice-Presidente da República
Governador do Estado da União em que se processa a cerimônia
Cardeais
Embaixadores Estrangeiros
3. Presidente do Congresso Nacional
Presidente da Câmara dos Deputados
Presidente do Supremo Tribunal Federal
4. Ministros de Estado
Chefe do Gabinete Militar da Presidência da República
Chefe do Gabinete Civil da Presidência da República
Chefe do Serviço Nacional de Informações
Chefe do Estado-Maior das Forças Armadas
Consultor-Geral da República
Vice-Governador do Estado da União em que se processa a cerimônia
Presidente da Assembléia Legislativa do Estado da União em que se processa a cerimônia
Presidente do Tribunal de Justiça do Estado em que se processa a cerimônia

 Enviados Extraordinários e ministros plenipotenciários estrangeiros
 Presidente do Tribunal Superior Eleitoral
 Ministros do Supremo Tribunal Federal
 Procurador-Geral da República
 Governadores de outros Estados da União e do Distrito Federal
 Senadores
 Deputados Federais
 Almirantes
 Marechais-do-Ar
 Chefe do Estado-Maior da Armada
 Chefe do Estado-Maior do Exército
 Secretário-Geral da Política Exterior
 Chefe do Estado-Maior da Aeronáutica
5. Almirantes-de-Esquadra
 Generais-de-Exército
 Embaixadores Extraordinários e Plenipotenciários (Ministros de 1ª classe)
 Tenentes-Brigadeiros
 Presidentes do Tribunal Federal de Recursos

ORDEM DE PRECEDÊNCIA DOS MINISTROS DE ESTADO[2]

Justiça, Marinha, Exército, Relações Exteriores, Fazenda, Transportes, Agricultura, Abastecimento e Reforma Agrária, Educação e Desporto, Cultura, Trabalho, Previdência Social, Aeronáutica, Saúde, Indústria, Comércio e Turismo, Minas e Energia, Integração Regional, Comunicações, Ciência e Tecnologia, Bem-Estar Social e Meio Ambiente. São considerados também ministros de Estado os titulares da Casa Civil da Presidência da República, da Secretaria Geral da Presidência da República, da Secretaria do Planejamento, Orçamento e Coordenação da Presidência da República, da Casa Militar da Presidência da República, do Estado-Maior das Forças Armadas, da Secretaria de Assuntos Estratégicos e da Administração Federal.

---

2. De acordo com a Lei nº 8.490, de 19 de novembro de 1992, Artigo 14º.

ORDEM DE PRECEDÊNCIA DOS ESTADOS DA UNIÃO[3]

Ver na página 133 a ordem atualizada de Precedência dos Estados.

Bahia, Rio de Janeiro, Maranhão, Pará, Pernambuco, São Paulo, Minas Gerais, Goiás, Mato Grosso, Rio Grande do Sul, Ceará, Paraíba, Espírito Santo, Piauí, Rio Grande do Norte, Santa Catarina, Alagoas, Sergipe, Amazonas, Paraná, Acre, Distrito Federal, Mato Grosso do Sul, Rondônia, Amapá, Roraima e Tocantins.

PRECEDÊNCIA NOS ESTADOS DA UNIÃO

NAS CERIMÔNIAS DE CARÁTER ESTADUAL

A ordem de precedência nas cerimônias oficiais, de caráter estadual, será a seguinte:

1. Governador
2. Cardeais
3. Vice-Governador
4. Presidente de Assembléia Legislativa
   Presidente do Tribunal de Justiça
5. Almirante-de-Esquadra
   Generais do Exército
   Tenentes-Brigadeiros
   Prefeito da capital estadual em que se processa a cerimônia
6. Vice-Almirantes, Generais-de-Divisão
   Majores-Brigadeiros
   Chefes da Igreja sediados no Brasil
   Arcebispos católicos ou equivalentes em outras religiões
   Reitores de Universidades Federais
   Personalidades inscritas no Livro do Mérito
   Prefeito da cidade em que se processa a cerimônia
   Presidente da Câmara Municipal da cidade em que se processa a cerimônia
   Juiz de Direito da Comarca em que se processa a cerimônia
7. Contra-Almirantes
   Generais de Brigada

---

[3]. De acordo com a Lei nº 8.490, de 19 de novembro de 1992, Artigo 8º.

Brigadeiros-do-Ar
Presidente do Tribunal Regional Eleitoral
Procurador Regional da República do Estado
Procurador-Geral do Estado
Presidente do Tribunal Regional do Trabalho
Presidente do Tribunal de Contas
Presidente do Tribunal de Alçada
Superintendente de Órgãos Federais
Presidentes de Institutos e Fundações Nacionais
Presidentes de Conselhos e Comissões Federais
Presidentes de Entidades Autárquicas, Sociedades de Economia Mista e Empresas Públicas de âmbito nacional
Reitores de Universidades Estaduais e Particulares
Membros do Conselho Nacional de Pesquisas
Membros do Conselho Federal de Educação
Membros do Conselho Federal de Cultura
Secretário de Estado
Bispos católicos ou equivalentes de outras religiões

8. Presidentes das Confederações Patronais e de Trabalhadores de âmbito nacional
Membros da Academia Brasileira de Letras
Membros da Academia Brasileira de Ciências
Diretores do Banco Central do Brasil
Diretores do Banco do Brasil
Diretores do Banco Nacional de Desenvolvimento Social e Econômico
Capitães-de-Mar-e-Guerra
Coronéis
Coronéis-Aviadores
Deputados Estaduais
Desembargadores do Tribunal de Justiça
Prefeitos das cidades com mais de quinhentos mil habitantes
Delegados dos Ministérios
Cônsules estrangeiros
Consultor-Geral do Estado
Juízes do Tribunal Regional Eleitoral

    Juízes do Tribunal Regional do Trabalho
    Presidentes das Câmaras Municipais da capital e das cidades de mais de um milhão de habitantes
9. Juiz Federal
    Juízes do Tribunal de Contas
    Juízes do Tribunal de Alçada
    Presidentes de Institutos e Fundações Regionais e Estaduais
    Presidentes das Entidades Autárquicas, Sociedades de Economia Mista e Empresas Públicas de âmbito regional ou estadual
    Diretores de Faculdades Federais
    Monsenhores católicos ou equivalentes de outras regiões
    Capitães-de-Fragata
    Tenentes-Coronéis
    Tenentes-Coronéis-Aviadores
    Presidentes das Federações Patronais e de Trabalhadores de âmbito regional ou estadual
    Presidentes das Câmaras Municipais das cidades com mais de quinhentos mil habitantes
    Juízes de Direito
    Procurador Regional do Trabalho
    Auditores do Tribunal de Contas
    Promotores Públicos
    Diretores de Faculdades Estaduais e Particulares
    Vice-Cônsules estrangeiros
10. Chefes de Departamento das Universidades Federais
    Prefeitos das cidades com mais de cem mil habitantes
    Capitães-de-Corveta
    Majores
    Majores-Aviadores
    Diretores de Departamento das Secretarias
    Presidentes dos Conselhos Estaduais
    Chefes de Departamentos das Universidades Estaduais e Particulares
    Presidentes das Câmaras Municipais das cidades de mais de cem mil habitantes
11. Professores de Universidades
    Demais Prefeitos Municipais

Cônegos católicos ou equivalentes de outras religiões
Capitães-Tenentes
Capitães
Capitães-Aviadores
Presidentes das demais Câmaras Municipais
Diretores de Repartição
Diretores de Escolas de Ensino Secundário
Vereadores Municipais

PRECEDÊNCIA DO CORPO CONSULAR

1. Cônsules Gerais de Carreira
2. Cônsules Gerais Honorários
3. Cônsules Gerais Adjuntos de Carreira
4. Cônsules de Carreira
5. Cônsules Honorários – Nacionalidade Estrangeira
    Nacionalidade Brasileira
6. Cônsules Adjuntos de Carreira
7. Cônsules Adjuntos Honorários – Nacionalidade Estrangeira
    Nacionalidade Brasileira
8. Vice-Cônsules de Carreira
9. Vice-Cônsules Honorários – Nacionalidade Estrangeira
    Nacionalidade Brasileira

PRECEDÊNCIA NO JUDICIÁRIO

1. Presidente do Tribunal de Justiça
2. Juiz de Direito da Comarca em que se processa a cerimônia
3. Presidente do Tribunal Regional Eleitoral
4. Procurador-Geral da República no Estado
5. Procurador-Geral do Estado
6. Presidente do Tribunal Regional do Trabalho
7. Presidente do Tribunal de Contas
8. Presidente do Tribunal de Alçada
9. Desembargadores do Tribunal de Justiça
10. Juízes do Tribunal Regional Eleitoral
11. Juízes do Tribunal Regional do Trabalho
12. Juiz Federal

13. Juízes do Tribunal de Contas
14. Juízes do Tribunal de Alçada
15. Juízes de Direito
16. Procurador Regional do Trabalho
17. Auditores do Tribunal de Contas
18. Promotores Públicos

PRECEDÊNCIA DOS MEMBROS
DA IGREJA CATÓLICA FORA DO VATICANO

1. Cardeal Primaz
2. Cardeal
3. Núncio Apostólico
4. Internúncios Apostólicos
5. Patriarcas, Arcebispos e Bispos
6. Pronotários Apostólicos
7. Prelado Doméstico
8. Camareiro Secreto
9. Arcediagos
10. Arciprestes
11. Chantres
12. Cônegos
13. Vigários Episcopais
14. Vigários e Sacerdotes
15. Diáconos e Religiosos

PRECEDÊNCIA NAS FORÇAS ARMADAS

NA MARINHA (CÍRCULO DE OFICIAIS)

1. Almirante
   Almirante-de-Esquadra
   Vice-Almirante
   Contra-Almirante
2. Capitão-de-Mar-e-Guerra
   Capitão-de-Fragata
   Capitão-de-Corveta

3. Capitão-Tenente
4. Primeiro-Tenente
   Segundo-Tenente

NO EXÉRCITO (CÍRCULO DE OFICIAIS)

1. Marechal
   General-de-Exército
   General-de-Divisão
   General-de-Brigada
2. Coronel
   Tenente-Coronel
   Major
3. Capitão
4. Primeiro-Tenente
   Segundo-Tenente

NA AERONÁUTICA (CÍRCULO DE OFICIAIS)

1. Marechal-do-Ar
   Tenente-Brigadeiro
   Major-Brigadeiro
   Brigadeiro
2. Coronel
   Tenente-Coronel
   Major
3. Capitão
4. Primeiro-Tenente
   Segundo-Tenente

BANDEIRAS E OUTROS SÍMBOLOS[4]

São símbolos nacionais e inalteráveis: bandeira nacional, hino nacional, armas nacionais e selo nacional.

---

4. De acordo com a Lei nº 5.700, de 1º de setembro de 1971, que dispõe sobre Símbolos Nacionais.

BANDEIRA NACIONAL

Pode ser usada em todas as manifestações do sentimento patriótico dos brasileiros, de caráter oficial ou particular.

A bandeira nacional pode ser apresentada:

- Hasteada em mastro ou adriças, nos edifícios públicos ou particulares, templos, campos de esporte, escritórios, salas de aula, auditórios, embarcações, ruas e praças, ou em qualquer lugar em que lhe seja assegurado o devido respeito.
- Distendida e sem mastro, conduzida por aeronaves ou balões, aplicada sobre a parede ou presa a um cabo horizontal ligando edifícios, árvores, postes ou mastros.
- Reproduzida sobre paredes, tetos, vidraças, veículos e aeronaves. Compondo, com outras bandeiras, panóplias, escudos ou peças semelhantes.
- Conduzida em formaturas, desfiles, ou mesmo individualmente. Distendida sobre ataúdes até a ocasião do sepultamento. Estará permanentemente no topo de um mastro especial plantado na Praça dos Três Poderes de Brasília, no Distrito Federal, como símbolo perene da pátria e sob a guarda do povo brasileiro.
- A substituição dessa bandeira será feita com solenidades especiais no 1º domingo de cada mês, devendo o novo exemplar atingir o topo do mastro antes que o exemplar substituído comece a ser arriado.
- Na base do mastro especial estarão inscritos exclusivamente os seguintes dizeres: "Sob a guarda do povo brasileiro, nesta Praça dos Três Poderes, a bandeira sempre no alto – visão permanente da pátria".

HASTEIA-SE DIARIAMENTE A BANDEIRA NACIONAL

- No Palácio da Presidência da República e na residência do presidente da República.
- Nos edifícios-sede dos Ministérios.
- Nas casas do Congresso Nacional.
- No Supremo Tribunal Federal, nos Tribunais Superiores e nos Tribunais Federais e Recursos.
- Nos edifícios-sede dos poderes Executivo, Legislativo e Judiciário dos Estados, Território e Distrito Federal. Nas Prefeituras e Câmaras Municipais.

- Nas repartições federais, estaduais e municipais situadas na faixa de fronteira.
- Nas Missões Diplomáticas, Delegações junto a organismos internacionais e repartições consulares de carreira, respeitados os usos locais em que tiverem sede.
- Nas unidades da Marinha Mercante, de acordo com as leis e regulamentos da navegação, polícia naval e praxes internacionais. Hasteia-se, obrigatoriamente, a bandeira nacional nos dias de festa ou de luto nacional, em todas as repartições públicas, nos estabelecimentos de ensino e sindicatos.
- Nas escolas públicas ou particulares é obrigatório o hasteamento solene da bandeira nacional, durante o ano letivo, pelo menos uma vez por semana.
- Pode ser hasteada e arriada a qualquer hora do dia ou da noite. Normalmente faz-se o hasteamento às 8 horas e o arriamento às 18 horas.
- No dia 19 de novembro, Dia da Bandeira, o hasteamento é realizado às 12 horas, com solenidades especiais.
- Durante a noite a bandeira deve estar devidamente iluminada. Quando várias bandeiras são hasteadas ou arriadas simultaneamente, a bandeira nacional é a primeira a atingir o topo e a última a dele descer.
- Quando em funeral, a Bandeira fica a meio mastro ou a meia adriça. Nesse caso, no hasteamento ou arriamento, deve ser levada inicialmente até o topo.
- Quando conduzida em marcha, indica-se o luto por um laço de crepe atado junto à lança.

HASTEIA-SE A BANDEIRA NACIONAL EM FUNERAL NAS SEGUINTES SITUAÇÕES, DESDE QUE NÃO COINCIDAM COM OS DIAS DE FESTA NACIONAL

- Em todo o país, quando o presidente da República decretar luto oficial.
- Nos edifícios-sede dos poderes Legislativo, Federal, Estadual ou Municipal, quando determinado pelos respectivos presidentes, por motivo de falecimento de um de seus membros.
- No Supremo Tribunal Federal, nos Tribunais Superiores, nos Tribunais Federal de Recursos e nos Tribunais de Justiça estaduais, quando determinado pelos respectivos presidentes, pelo faleci-

mento do governador ou prefeito, quando determinado o luto oficial pela autoridade que o substituir.
- Nas sedes de Missões Diplomáticas, segundo as normas e usos do país em que estão situadas.

A BANDEIRA NACIONAL, EM TODAS AS APRESENTAÇÕES NO TERRITÓRIO NACIONAL, OCUPA LUGAR DE HONRA, COMPREENDIDO COMO UMA POSIÇÃO

- Central ou a mais próxima do centro e à direita deste, quando com outras bandeiras, pavilhões ou estandartes, em linha de mastros, panóplias, escudos ou peças semelhantes.
- Destacada à frente de outras bandeiras, quando conduzida em formaturas ou desfiles.
- À direita de tribunais, púlpitos, mesas de reunião ou de trabalho. Considera-se direita de um dispositivo de bandeiras a direita de uma pessoa colocada próximo a ele e voltada para a rua, para a platéia *ou*, de modo geral, para o público que observa o dispositivo.
- A bandeira nacional, quando não estiver em uso, deve ser guardada em local digno.
- Nas repartições públicas e organizações militares, quando a bandeira é hasteada em mastro colocado no solo, sua largura não deve ser maior que 1/5 *(um* quinto) nem menor que 1/7 *(um* sétimo) da altura do respectivo mastro.
- Quando distendida e sem mastro, coloca-se a bandeira de modo que o lado maior fique na horizontal e a estrela isolada em cima, não podendo ser ocultada, mesmo parcialmente, por pessoas sentadas em suas imediações.
- À bandeira nacional nunca se bate continência.

O HINO NACIONAL

A execução do hino nacional obedecerá às seguintes prescrições:

- Será sempre executado em andamento metronômico de uma semínima igual a 120.
- É obrigatória a tonalidade de si bemol para a execução instrumental simples.
- Far-se-á o canto sempre em uníssono.

- Nos casos de simples execução instrumental, tocar-se-á a música integralmente, mas sem repetição; nos casos de execução vocal, serão sempre cantadas as duas partes do poema.
- Nas continências ao presidente da República, para fins exclusivos do cerimonial militar, serão executados apenas a introdução e os acordes finais, conforme a regulamentação específica.

O HINO NACIONAL SERÁ EXECUTADO

- Em continência à bandeira nacional e ao presidente da República, ao Congresso Nacional e ao Supremo Tribunal Federal, quando incorporados; e nos demais casos expressamente determinados pelos regulamentos de continência ou cerimônias de cortesia internacional.
- Na ocasião do hasteamento da bandeira nacional nas escolas públicas ou particulares.
- A execução será instrumental ou vocal, de acordo com o cerimonial previsto em cada caso.
- É vedada a execução do hino nacional em continência, fora dos casos previstos acima.
- Será facultativa a execução do hino nacional na abertura de sessões cívicas, nas cerimônias religiosas a que se associe sentido patriótico, no início ou encerramento das transmissões diárias das emissoras de rádio e televisão, bem como para exprimir regozijo público em ocasiões festivas.
- Nas cerimônias em que se tenha de executar um hino nacional estrangeiro, este deve, por cortesia, preceder o hino nacional brasileiro.

AS ARMAS NACIONAIS

É obrigatório o uso das armas nacionais

- No Palácio da Presidência da República e na residência do presidente da República.
- Nos edifícios-sede dos Ministérios.
- Nas Casas do Congresso Nacional.
- No Supremo Tribunal Federal, nos Tribunais Superiores e nos Tribunais Federais de Recursos.

- Nos edifícios-sede dos poderes Executivo, Legislativo e Judiciário dos Estados, Território e Distrito Federal.
- Nas Prefeituras e Câmaras Municipais.
- Na frontaria dos edifícios das repartições públicas federais. Nos quartéis das forças federais de terra, mar e ar e das polícias militares, nos seus armamentos, e bem como nas fortalezas e nos navios de guerra.
- Na frontaria ou no salão principal das escolas públicas.
- Nos papéis de expediente, nos convites e nas publicações oficiais de nível federal.

SELO NACIONAL

O selo nacional será usado para autenticar os atos de governo e os diplomas e certificados expedidos pelos estabelecimentos de ensino oficiais ou reconhecidos.

AS CORES NACIONAIS

Consideram-se cores nacionais o verde e o amarelo. As cores nacionais podem ser usadas sem quaisquer restrições, inclusive associadas a azul e branco.

O RESPEITO DEVIDO À BANDEIRA NACIONAL
E AO HINO NACIONAL

Nas cerimônias de hasteamento ou arriamento, nas ocasiões em que a bandeira se apresenta em marcha ou cortejo, assim como durante a execução do hino nacional, todos devem tomar atitude de respeito, de pé e em silêncio, os civis do sexo masculino com a cabeça descoberta e os militares em continência, segundo os regulamentos das respectivas corporações.

É vedada qualquer outra forma de saudação.

SÃO CONSIDERADAS MANIFESTAÇÕES DE DESRESPEITO À BANDEIRA NACIONAL, E, PORTANTO, PROIBIDAS:

- Apresentá-la em mau estado de conservação.
- Mudar-lhe a forma, as cores, as proporções, o dístico ou acrescentar-lhe outras inscrições.

- Usá-la como roupagem, reposteiro, pano de boca, guarnição de mesa, revestimento de tribuna ou como cobertura de placas, retratos, painéis ou monumentos a inaugurar.
- Reproduzi-la em rótulos ou invólucros de produtos expostos à venda.
- As bandeiras em mau estado de conservação devem ser entregues a qualquer unidade militar, para que sejam incineradas no Dia da Bandeira, segundo o cerimonial peculiar.
- Nenhuma bandeira de outra nação pode ser usada no país sem que esteja ao seu lado direito, de igual tamanho e em posição de realce, a bandeira nacional, salvo nas sedes das representações diplomáticas ou consulares.

DISPOSIÇÕES GERAIS

Haverá nos quartéis-generais das Forças Armadas, na Casa da Moeda, na Escola Nacional de Música, nas embaixadas, delegações e consulados do Brasil, nos museus históricos oficiais, nos comandos de unidades de terra, mar e ar, capitanias de portos e alfândegas e nas Prefeituras municipais, uma coleção de exemplares-padrão dos símbolos nacionais, a fim de servirem de modelos obrigatórios para a respectiva confecção, constituindo o instrumento de confronto para a aprovação dos exemplares destinados à apresentação, procedam ou não da iniciativa particular.

Os exemplares da bandeira nacional e das armas nacionais não podem ser postos à venda, nem distribuídos gratuitamente sem que tragam na tralha do primeiro e no reverso do segundo a marca e o endereço do fabricante ou editor, bem como a data de sua confecção.

É obrigatório o ensino do desenho e do significado da bandeira nacional, bem como do canto da interpretação da letra do hino nacional em todos os estabelecimentos de ensino, públicos ou particulares, de primeiro e segundo graus.

Ninguém poderá ser admitido no serviço público sem que demonstre conhecimento do hino nacional.

O Ministério da Educação e Cultura fará a edição oficial definitiva de todas as partituras do hino nacional e promoverá a gravação em discos de sua execução instrumental e vocal, além de sua letra declamada.

Cabe ao Ministério da Educação e Cultura organizar concursos entre autores nacionais para a redução das partituras de orquestras do hino nacional para orquestras restritas.

O Poder Executivo regulará os pormenores de cerimonial referentes aos símbolos nacionais.

PRECEDÊNCIA DOS CONSELHOS E DAS ORDENS PROFISSIONAIS

Ordem dos Advogados do Brasil (18-11-1930)
Conselho de Engenharia, Arquitetura e Agronomia (11-12-1933)
Conselho de Contabilidade (27-5-1946)
Conselho de Economia (13-8-1951)
Conselho de Química (18-6-1956)
Conselho de Assistentes Sociais (27-8-1957)
Conselho de Medicina (30-9-1957)
Conselho de Farmácia (11-11-1960)
Ordem dos Músicos do Brasil (22-12-1960)
Conselho de Biblioteconomia (30-6-1962)
Conselho de Corretores de Imóveis (27-8-1962)
Conselho de Odontologia (14-4-1964)
Conselho de Estatística (5-7-1965)
Conselho de Representantes Comerciais (9-12-1965)
Conselho de Administração (22-12-1967)
Conselho de Profissionais de Relações Públicas (11-9-1969)
Conselho de Psicologia (20-12-1971)
Conselho de Enfermagem (12-7-1973)
Conselho de Fisioterapia e Terapia Ocupacional (17-12-1975)
Conselho de Nutricionistas (20-10-1978)
Conselho de Fonoaudiologia (9-12-1981)
Conselho de Museologia (18-12-1984)

HORÁRIO MUNDIAL[5]

Trata-se de informação de grande utilidade para quem pretende atuar na área de eventos.

África do Sul	mais 5 horas
Albânia	mais 4 horas
Alemanha	mais 4 horas
Angola	mais 4 horas
Argélia	mais 4 horas
Arábia Saudita	mais 7 horas
Argentina	mais 2 horas
Austrália	
Zona Ocidental: Perth	mais 11 horas
Zona central: Porto Darwin	mais 12 horas
Zona Oriental: Sydney	mais 13 horas
Áustria	mais 4 horas
Bélgica	mais 4 horas
Bermudas	mais 1 hora
Birmânia	mais 10 horas
Bolívia	menos 1 hora
Brasil	
Fernando de Noronha	mais 1 hora
Manaus, Cuiabá, Campo Grande e Boa Vista	mais 1 hora
Rio Branco	menos 2 horas
Bulgária	mais 5 horas
Canadá	
Montreal e Toronto	menos 2 horas
Vancouver	menos 5 horas
Chile	menos 1 hora
China	mais 11 horas
Cingapura	mais 10 horas e meia
Colômbia	menos 2 horas

---

5. Com relação ao horário de Brasília, fora do horário de verão.

Coréia do Sul	mais 12 horas
Congo	mais 4 horas
Costa do Marfim	mais 3 horas
Cuba	menos 2 horas
Dinamarca	mais 4 horas
Egito	mais 5 horas
Equador	menos 2 horas
Espanha	mais 4 horas
Etiópia	mais 6 horas
Filipinas	mais 5 horas
Finlândia	mais 5 horas
França	mais 4 horas
Gana	– –
Grã-Bretanha	mais 3 horas
Grécia	mais 5 horas
Holanda	mais 4 horas
Hong Kong	mais 11 horas
Hungria	mais 4 horas
Ilhas Bahamas	menos 2 horas
Índia	mais 8 horas e meia
Indonésia, Jacarta	menos 2 horas
Irã	mais 6 horas e meia
Iraque	mais 5 horas
Irlanda	mais 3 horas
Islândia	mais 2 horas
Israel	mais 5 horas
Itália	mais 4 horas
Iugoslávia	mais 4 horas
Japão	mais 12 horas
Jordânia	mais 5 horas
Kwait	mais 6 horas
Laos	mais 10 horas
Líbano	mais 5 horas
Libéria	mais 3 horas
Líbia	mais 5 horas
Luxemburgo	mais 4 horas
Malásia	mais 10 horas e meia

Marrocos	mais 3 horas
México	menos 3 horas
Namíbia	mais 5 horas
Nigéria	mais 4 horas
Noruega	mais 4 horas
Nova Zelândia	mais 16 horas
Panamá	menos 2 horas
Paquistão	mais 8 horas
Paraguai	menos 1 hora
Peru	menos 2 horas
Polônia	mais 4 horas
Portugal	mais 3 horas
Quênia	mais 5 horas
Reino Unido	
Inglaterra, Escócia, Irlanda do Norte e País de Gales	mais 3 horas
Romênia	mais 5 horas
Senegal	mais 3 horas
Síria	mais 5 horas
Sudão	mais 5 horas
Suécia	mais 4 horas
Suíça	mais 4 horas
Taiti, Polinésia Francesa	menos 7 horas
Taiwan	mais 11 horas
Tanzânia	mais 6 horas
Tunísia	mais 4 horas
Turquia	mais 5 horas
Uganda	mais 6 horas
Uruguai	– –
Estados Unidos	
Nova York	menos 2 horas
Chicago	menos 3 horas
Los Angeles	menos 5 horas
Venezuela	menos 1 hora e meia
Vietnã	mais 10 horas
Zaire	mais 4 horas
Zâmbia	mais 5 horas

DISTÂNCIAS ENTRE OS AEROPORTOS DO BRASIL

São dados de grande valia para os organizadores de eventos.

Para o sul		Km
Rio de Janeiro — Porto Alegre		1.125
Rio de Janeiro — São Paulo		373
São Paulo — Porto Alegre		844
São Paulo — Curitiba		330
São Paulo — Florianópolis		492
Santos — Paranaguá		292
Curitiba — Paranaguá		70
Curitiba — Florianópolis		294
Curitiba — Porto Alegre		547
Florianópolis — Porto Alegre		370
Porto Alegre — Pelotas		215
Porto Alegre — Bagé		322
Pelotas — Bagé		180
Bagé — Livramento		149
Livramento — Uruguaiana		195

Para o oeste		Km
São Paulo — Bauru		280
São Paulo — Ourinhos		335
São Paulo — Araxá		494
Campo Grande — Corumbá		355

AVIAÇÃO INTERNACIONAL

São também dados que auxiliarão para a elaboração do planejamento e execução de um evento internacional.

DISTÂNCIA DAS PRINCIPAIS LINHAS REGULARES INTERNACIONAIS A PARTIR DO RIO DE JANEIRO. PARA CALCULAR AS HORAS DE VÔO, TOMAR COMO BASE 6 MINUTOS PARA CADA 100 KM

Localidade	Distância
Assunção	1.560
Beirute	11.300
Bogotá	4.642
Boston	8.058
Buenos Aires	1.960
Cairo	9.902
Caracas	4.530
Chicago	8.523
Cidade do Cabo	6.066
Cidade do México	7.677
Cingapura	15.730
Copenhage	10.400
Durban	7.650
Estocolmo	10.694
Frankfurt	10.047
Glasgow	9.810
Gotemburgo	10.802
Hamburgo	10.023
Helsinque	11.467
Hong Kong	17.695
Johannesburgo	7.274
La Paz	2.640
Lagos	6.080
Lima	3.847
Lisboa	7.741
Londres	9.289
Los Angeles	10.132
Madri	8.146

(CONTINUA)

(CONTINUAÇÃO)

Localidade	Distância
Miami	6.875
Montevidéu	1.860
Nova York	7.757
Oslo	11.066
Panamá	5.301
Paris	9.178
Pequim	17.329
Quito	4.950
Roma	9.148
Santiago	3.190
San Francisco	10.652
Seatle	11.090
Seul	20.816
Tel-Aviv	13.236
Tóquio	18.564
Zurique	9.770

DISTÂNCIAS ENTRE OS PORTOS BRASILEIROS

São informações preciosas que não se consegue obter com rapidez num momento de urgente necessidade.

Para o norte	Milhas marítimas (1.853m)
Rio de Janeiro a Tubarão	279
Vitória a Bahia	455
Bahia a Maceió	270
Maceió a Recife	120
Recife a Cabedelo	70
Cabedelo a Natal	78
Natal a Fortaleza	260
Fortaleza a Luiz Correia	163
Luiz Correia a Tutóia	50

(CONTINUA)

(CONTINUAÇÃO)

Para o norte	Milhas marítimas (1.853m)
Tutóia a São Luís	147
São Luís a Belém	340
Belém a Breves	146
Breves a Gurupá	123
Guarupá a Porto de Moz	48
Porto de Moz a Prainha	96
Prainha a Montalegre	41
Montalegre a Santarém	60
Santarém a Óbidos	68
Óbidos a Parintins	95
Parintins a Itacoatiara	137
Itacoatiara a Manaus	110
Rio de Janeiro a Bahia	734
Rio de Janeiro a Recife	1.124
Rio de Janeiro a Fortaleza	1.532
Rio de Janeiro a São Luís	1.892
Rio de Janeiro a Belém	2.232
Rio de Janeiro a Manaus	3.156

Para o sul	
Rio de Janeiro a Santos	202
Santos a Paranaguá	142
Paranaguá a Antonina	16
Antonina a São Francisco	29
São Francisco a Florianópolis	95
Florianópolis a Rio Grande	349
Rio Grande a Pelotas	29
Pelotas a Porto Alegre	106
Rio de Janeiro a Paranaguá	344
Rio de Janeiro a Antonina	359
Rio de Janeiro a São Francisco	388
Rio de Janeiro a Florianópolis	453
Rio de Janeiro a Rio Grande	802
Rio de Janeiro a Pelotas	831
Rio de Janeiro a Porto Alegre	937
Rio de Janeiro a Angra dos Reis	72
Rio de Janeiro a São Sebastião	130

DISTÂNCIAS RODOVIÁRIAS DO BRASIL

Cidades			Km
Chuí	—	Porto Alegre	530
Pelotas	—	Porto Alegre	270
Porto Alegre	—	Curitiba	718
Florianópolis	—	São Paulo	742
Curitiba	—	Foz do Iguaçu	682
Curitiba	—	São Paulo	414
São Paulo	—	Rio de Janeiro	450
São Paulo	—	Brasília	1.165
São Paulo	—	Belo Horizonte	590
São Paulo	—	Santos	72
São Paulo	—	Salvador	1.965
São Paulo	—	Recife	2.800
São Paulo	—	Fortaleza	3.035
São Paulo	—	Porto Alegre	1.126
Rio de Janeiro	—	Brasília	1.268
Rio de Janeiro	—	Belo Horizonte	485
Rio de Janeiro	—	Juiz de Fora	215
Rio de Janeiro	—	Vitória	560
Rio de Janeiro	—	Salvador	1.658
Belo Horizonte	—	Brasília	784
Brasília	—	Anápolis	163
Brasília	—	Goiânia	220
Brasília	—	Belém	2.240
Brasília	—	Uberaba	695
Salvador	—	Feira de Santana	112
Salvador	—	Aracaju	340
Salvador	—	Recife	884
Salvador	—	Brasília	2.152
Salvador	—	Vitória	1.466
Aracaju	—	Maceió	324
Maceió	—	Recife	260
Recife	—	João Pessoa	128
Recife	—	Campina Grande	245

CÓDIGO TELEFÔNICO PARA SOLETRAR

	Português	Internacional	Inglês	Alemão
A	América	Amsterdã	Able	Anton
B	Beatriz	Baltimore	Butter	Berta
C	Cavalo	Casablanca	Charles	Cäsar
D	Domingos	Danmark	Davis	Dora
E	Ernesto	Edison	Easy	Emil
F	Francisco	Flórida	Frederick	Friedrich
G	Gertrudes	Gollipoli	George	Gustav
H	Henriqueta	Habanna	Henry	Heinrich
I	Inês	Itália	Item	Ida
J	Jota	Jerusalém	Joke	Julius
K	Kágado	Kilogramm	King	Konrad
L	Luís	Liverpool	Love	Ludwig
M	Maria	Madagascar	Mother	Martha
N	Noêmia	New York	Nan	Nordpol
O	Oscar	Oslo	Oboe	Otto
P	Paulo	Paris	Peter	Paula
Q	Queiroz	Quebec	Queen	Quelle
R	Raquel	Roma	Roger	Richard
S	Salvador	Santiago	Sugar	Siegfried
T	Tereza	Tripolis	Tenor	Theodor
U	Úrsula	Upps	Uncle	Ulrich
V	Vitória	Vajencia	Victor	Viktor
W	Washington	Washington	West	Wilhelm
X	Xavier	Xanthippe	Ex	Xanthippe
Y	Igrego	Yokohama	York	Ypsilon
Z	Zebra	Zurich	Zebra	Zeppelin

CONSIDERAÇÕES FINAIS

Os eventos são, também, uma atividade que contribui para manter a opinião pública favorável, objetivo de toda organização que deseja se manter na ativa. São, no entanto, pouco explorados pelo fato de as organizações desconhecerem a abrangência dessa área.

Defendo que esse deve ser um trabalho a ser executado por pessoas com conhecimento específico, entre as quais está o profissional de relações públicas. Porém, a realidade brasileira tem apresentado profissionais de todas as áreas atuando na organização de eventos. Assim, este livro é uma contribuição para todos que querem se dedicar à organização de eventos, em especial àqueles que possuem formação totalmente diversa da área e nela desejam atuar.

É também um material para ser utilizado em cursos de relações públicas, turismo e secretariado; agências de publicidade; setores de relações públicas, recursos humanos e assistência social das organizações.

Nesta nova edição posso afirmar que a organização de eventos cresceu muito em todo o país, principalmente nos grandes centros. O panorama empresarial está mais receptivo à organização de eventos, e a própria formação desses profissionais melhorou em decorrência da criação de muitos cursos, nas mais diversas categorias: especialização, aprimoramento, extensão, reciclagem etc.

Por focalizar relações públicas; eventos, classificação e tipos; planejamento, operacionalização; calendário de eventos; correspondências; formas de tratamento; tipos, arranjos e composição de mesas; cerimonial; precedência; bandeiras; distâncias; tabelas; boas maneiras; fazer proposta de projetos para eventos e ter sido revisado, atualizado e ampliado, este livro continua atendendo às necessidades dos públicos aos quais é dirigido.

REFERÊNCIAS BIBLIOGRÁFICAS

ANDRADE, Cândido Teobaldo de Souza. *Dicionário profissional de relações públicas e comunicação*. São Paulo: Summus, 1996.

_____. *Para entender relações públicas*. 4. ed. São Paulo: Loyola, 1993.

BARQUERO, José Daniel. *Casos practicos de relaciones públicas*. Barcelona: Gestión, 1996.

BONILHA, Carlos Gutierrez. *La comunicación: función básica de las relaciones públicas*. México: Editorial Trillas, 1988.

CANILLI, Cláudia. *Curso de relaciones públicas*. Barcelona: Editorial de Vecchi S/A, 1993.

CARVALHO, Marcelino. *Guia de boas maneiras*. São Paulo: Nacional, 1983.

CESCA, Cleuza G. Gimenes. *Comunicação dirigida escrita na empresa: teoria e prática*. 4. ed. revista e ampliada. São Paulo: Summus, 2006.

_____. *Técnicas profissionais de secretariado*. Campinas: Papirus, 1984.

CONRERP-RJ. *Legislação em relações públicas*. Rio de Janeiro, 1993.

CORNELLA, Alfons. *Injormación digital para la empresa*. Barcelona: Marcombo Boixareu Editores, 1996.

DAIUTO, Moacir. *Organização de competições desportivas*. São Paulo: Hemus, 1991.

DOMANTI, Luciano Luigi. *Il cerimoniale*. Palerma: Renzo e Rean Manzone, 1990.

GIÁCOMO, Cristina. *Tudo acaba em festa*. São Paulo: Página Aberta, 1993.

GOROSQULETA, Javier. *Ética de la empresa*. Bilbao: Mensajero, 1995.

GREENER, Tony. *Imagen y relaciones públicas*. Madri: Pirámide, 1991.

HABERMAS, J. *Histórias y critica de la opinión pública*. Barcelona: Ediciones G. Gilli, 1994.

JOLLES, Robert L. *Como conduzir seminários e workshops*. Campinas: Papirus, 1995.

LAMPREIA, J. Martins. *Comunicação empresarial*. Lisboa: Texto, 1992.

LLOYD, Herbert; LLOYD, Peter. *Aprende tú solo relaciones públicas*. 3. ed. Madri: Ediciones Pirâmide, 1990.

LOZANO, Fernando. *Manual prático de relações públicas*. Lisboa: Livros do Brasil.

MIYAMOTO, Massahiro. *Administração de congressos científicos e técnicos*. São Paulo: Pioneira/Edusp, 1987.

MONZÓN, Cândido. *Opinión publica comunicación y política*. Madri: Tecnos, 1996.

NOGUERO, Antonio. *Programación y técnicas de relaciones públicas*. Barcelona: EUB, 1996.

PEREL, Vicente L. *Teoria e técnicas de administração*. Petrópolis: Vozes, 1973.

RIBEIRO, Célia. *Boas maneiras e sucesso nos negócios*. Porto Alegre: L&PM, 1993.

SIMÕES, Roberto Porto. *Relações públicas: função política*. 3. ed. São Paulo: Summus, 1995.

SPEERS, Nelson. *Cerimonial para relações públicas*. Rio de Janeiro: José Olímpio, 1984.

VALENTE, Célia; NORI, Walter. *Portas abertas*. São Paulo: Best Seller, 1990.

WATT, Cristina. *Organización de reuniones*. Madri: Paraninfo, 1995.

WRAGG, David. *Relações públicas em marketing e vendas*. São Paulo: McGraw-Hill, 1989.

AUTORA

Cleuza Gertrudes Gimenes Cesca é formada em Comunicação Social, com habilitação em Relações Públicas, pela Pontifícia Universidade Católica de Campinas, em São Paulo, e é mestre e doutora em Ciências da Comunicação pela Universidade de São Paulo (USP).

Atuou no setor administrativo de empresas privadas por vários anos. Foi vice-diretora do Instituto de Artes e Comunicações da PUC-Campinas e coordenadora do Departamento e do Curso de habilitação em Relações Públicas desse Instituto. Autora dos livros: *Comunicação dirigida escrita na empresa: teoria e prática* (Summus, 2006, 4ª edição revista e ampliada), *Estratégias empresariais diante do novo consumidor: relações públicas e aspectos jurídicos*, em co-autoria com Wilson (Summus, 2000), e *Técnicas profissionais de secretariado* (Papirus, 1984); organizadora de *Relações públicas e suas interfaces* (Summus, 2006).

Atualmente, Cleuza é professora, pesquisadora e consultora científica da PUC-Campinas. Em 2006, foi eleita a terceira melhor Relações Públicas do Brasil na área acadêmica pelo Portal *RP Bahia*, que consultou a comunidade da área em todo o Brasil.

leia também

TUDO ACABA EM FESTA
EVENTO, LÍDER DE OPINIÃO, MOTIVAÇÃO E PÚBLICO
Cristina Giácomo

A obra reflete uma preocupação com a satisfação do participante que é levado de maneira correta a determinado evento pela divulgação adequada. Para tanto, resgata conceitos de motivação e líder de opinião, ampliando a discussão para todo tipo de evento. Discute também tópicos da legislação que restringem a profissionalização do organizador de eventos e a reserva de mercado na área.
REF. 10294   ISBN 978-85-323-0294-6

COMUNICAÇÃO DIRIGIDA ESCRITA NA EMPRESA
TEORIA E PRÁTICA
EDIÇÃO REVISTA, ATUALIZADA E AMPLIADA
Cleuza G. Gimenes Cesca

Ao lado de conceitos técnicos, a autora apresenta numerosos exemplos e sugestões viáveis de sistemas de comunicação escrita nas empresas. Numa linguagem fácil, demonstra a necessidade do emprego deste tipo de atividade a ser realizada pelas assessorias de relações públicas para obter um bom fluxo interno das informações.
REF. 10047   ISBN 85-323-0047-2

ESTRATÉGIAS EMPRESARIAIS DIANTE DO NOVO CONSUMIDOR
RELAÇÕES PÚBLICAS E ASPECTOS JURÍDICOS
Cleuza G. Gimenes Cesca e Wilson Cesca

O livro traz sugestões para melhorar a relação entre empresa e consumidor sob a Lei do Consumidor. Mostra o papel das relações públicas e a importância desse departamento numa empresa, citando casos concretos de interpretação e aplicação da Lei.
REF. 10751   ISBN 85-323-0751-5

MEDIA TRAINING
COMO AGREGAR VALOR AO NEGÓCIO MELHORANDO A RELAÇÃO COM A IMPRENSA
Luciane Lucas (org.)

Tomando por base a realidade do mercado, a obra traz aos gestores e executivos informações práticas sobre como lidar com a mídia no cotidiano. Escrito por profissionais renomados, mostra como agir em entrevistas, conduzir coletivas e lidar com a imprensa em situações de crise, explicitando as vantagens de uma política de comunicação permanente com a mídia.
REF. 10857   ISBN 978-85-323-0857-3

www.gruposummus.com.br